Two in One

Von der Kunst, zwei Wohnstile zu vereinen

Erica Lennard
und Denis Colomb
mit Julia Szabo

KNESEBECK

Inhalt

ERICA + DENIS = HARMONIE

Einführung

ERICA LENNARD
DENIS COLOMB

Die Gestaltung eines gemeinsamen Zuhauses ist, wie die Ehe, eine lebenslange Angelegenheit. Viele Fragen ergeben sich, wenn zwei Liebende zusammenziehen, gleichgültig, ob sie nun früh heiraten und in ein neues Heim übersiedeln oder viele Jahre in wechselnden Wohnungen miteinander leben. Gelingt es, die Dinge aus dem Vorleben zu integrieren? Wie können wichtige Gestaltungsfragen gemeinsam gelöst werden? Welche Kompromisse sind für das häusliche Glück zu schließen? Wann sollte man den Wünschen des anderen nachgeben? Was macht man mit einem ungeliebten Möbelstück, auf das der Partner nicht verzichten mag? Wie kann man sich auf individuelle Bereiche verständigen? Und wie können gemeinsam genutzte Räume (z. B. das Badezimmer) zu beider Zufriedenheit gestaltet werden?

Bei der Planung und Zusammenstellung dieses Buches kamen uns unsere eigenen Erfahrungen zugute. Als wir uns kennen lernten, waren wir ein äußerst ungleiches Paar. Erica hatte einen unwiderstehlichen Hang zum Klassizistischen und Barocken. Sie stöberte auf Trödelmärkten und schmückte ihre Pariser Wohnung mit dekorativen Stoffen und Gegenständen, die sie von ihren Reisen aus Indien, Japan und Marokko mitbrachte. Eine weiche Welt voller Wärme, intensiver Farben, Rundungen und einladender Winkel.

Denis dagegen bevorzugte einen streng minimalistischen Stil mit ultramodernen Details, z. B. eine geschwungene Theke aus Stahl, Bücherregale auf Rädern im Industriedesign sowie modernistische Ikonen von Museumsqualität – Sessel von Warren Platner und Beistelltische von Eero Saarinen. Abgesehen von einem gelegentlichen Hauch von Beige waren die vorherrschenden Farben in seiner Wohnung Schwarz und Weiß.

In Sachen Design waren wir in der Tat ein seltsames Paar! Und doch bewahrheitete sich die These von der Anziehungskraft der Gegensätze. Sofort fühlten wir uns zur Wohnung des anderen hingezogen, vielleicht gerade weil unsere Wohnungen ein so getreues Abbild unserer selbst waren. Diese Anziehungskraft ermöglichte es uns, unsere grundverschiedenen Stile in allen unseren Wohnungen zusammenfließen zu lassen und zu einer ästhetisch gelungenen Synthese zu führen. Das Ergebnis ist eine Stilmischung aus Alt und Modern, warmem Holz und kühlem Metall, neutralen Nuancen und intensiven Farben. Mit etwas Arbeit und viel Geduld haben wir es geschafft, dass unsere kostbarsten Stücke sich nun den besten Platz in unserem Haus in Los Angeles teilen, wohin wir jedesmal glücklich zurückkehren.

Seit wir zusammenleben hat sich unser Geschmack erstaunlich entwickelt. Denis konnte seinen Stil um Wärme und Farbe bereichern, was sich in einer völlig neuen Kollektion von Wohnmöbeln niederschlug, die er kreierte. So entstand unter anderem ein vom Mogul-Stil inspiriertes Liegesofa aus Holz speziell für unser jetziges Zuhause. In dem Haus spiegelt sich unsere Liebe zu Indien, zu seiner Architektur, dem Klima, dem Licht und der Natur wider. (Erica hat jetzt auch ihren eigenen Garten, nachdem sie in all den Jahren weltweit die Gärten anderer Leute fotografiert hat.)

Wir hatten das große Glück, überall auf der Welt Paare kennen zu lernen, die ihr persönliches Umfeld gemeinsam erfolgreich gestalten. Die hier im Buch porträtierten 15 Paare haben unser Leben und unsere Arbeit sehr inspiriert; wir haben viel von ihnen gelernt. Natürlich sind die meisten von ihnen professionelle Designer, was ihnen bei der Gestaltung ihrer prachtvollen Interieurs sehr zugute kommt. Wo wir auch hinblicken – sei es in Zeitschriften, Filmen oder im Fernsehen –, überall sehen wir Menschen, die bei der Gestaltung harmonischer Wohnräume neue Wege gehen. Bei vielen Lebenspartnern zeichnet sich zudem ein starkes Interesse ab, alle Gestaltungsaspekte gemeinsam wahrzunehmen, angefangen bei der Entscheidung, wo gelebt wird, der Festlegung, welche Räume welchem Zweck dienen sollen bis hin zu profaneren Dingen wie dem Auswählen der Türklinken.

Noch vor einiger Zeit war es reine Frauensache, das Haus zu einem Heim zu machen (es sei denn, der Mann war professioneller Innenraumgestalter). Die typisch männliche Domäne war hingegen der technisch-handwerkliche Bereich. Diese Zeiten sind vorbei. Heute sind Frauen und Männer gleichermaßen an der Ausgestaltung ihres Wohnumfeldes beteiligt. Fühlten sich die Männer noch vor kurzem nur dann wohl, wenn sie die Stereoanlage und andere elektronische Geräte aussuchen durften, so können sie sich heute auch dafür begeistern, einen bestimmten Möblierungsstil festzulegen. Es ist heutzutage nicht mehr ungewöhnlich, junge Paare gemeinsam auf der vergnüglichen Suche nach dekorativem Wohnmobiliar zu entdecken.

Dank der Erkenntnisse aus der alten Kunst des Feng Shui ist mittlerweile sogar eine historisch so umstrittene Farbe wie Rosarot für beide Geschlechter attraktiv geworden. Der Feng-Shui-Meister R. D. Chin rät Paaren häufig, eine Wand als »Beziehungswand« in kräftigem Rosarot zu streichen, damit ihre Beziehung im Gleichgewicht bleibt. Auf unseren Reisen quer durch Indien lernten wir Vaastu, die alte hinduistische Wissenschaft vom harmonischen Bauen und Wohnen, schätzen. Nach ihren Prinzipien werden Bauten und Inneneinrichtungen so angelegt, dass sie die Erdenergien ergänzen.

Die Geschichte wartet mit einer ganzen Reihe sehr unterschiedlicher Paare auf, deren Lebensstile in einem romantisch-poetischen Wohnumfeld miteinander verschmolzen. Vanessa Bell und Duncan Grant, Sonia und Robert Delaunay, Russel und Mary Wright, Charles und Ray Eames und viele mehr haben Wohninterieurs kreiert, die zum Spiegel ihrer Identität als Paar wurden.

Wenn zwei außergewöhnliche Menschen aufeinander treffen, hat das bisweilen nachhaltige Folgen. So machten vor einem halben Jahrhundert die Eames' und Wrights ihr jeweiliges Domizil zu einer Ideenwerkstatt, ohne deren inspirierendes Vorbild viele der aktuellen Dekorationsstile undenkbar wären. Zu ihrem Vermächtnis in Sachen Design gehören die Experimente der Eames' mit jener Zierleiste aus Holz in einem Gästeschlafzimmer ihres kalifornischen Wohnsitzes, die noch heute unverzichtbarer Bestandteil vieler zauberhafter Interieurs ist. »Mit intelligentem Wohnen erspart man sich viel Arbeit«, sagte Russel Wright einmal. »Zur Gestaltung einer wirklich persönlichen Wohnsphäre braucht man keine Reichtümer, sondern Nachdenken, etwas Einfallsreichtum und Findigkeit sowie viel Liebe.« Für uns war die liebevolle Hinwendung der Eames' und der Wrights zu ihren Wohngefilden ebenso inspirierend wie die wundervoll ausgestatteten Residenzen von Christian und Elizabeth de Portzamparc, Charles und Marie-Laure de Noailles, Ismail Merchant und James Ivory oder von Lella und Massimo Vignelli.

Aber ein Paar braucht, um inspirierend zu wirken, weder ein extravagantes Domizil noch eine Dauerresidenz. John Lennons und Yoko Onos Talent, überall dort, wo sie waren, Häuslichkeit zu zaubern, hat uns beeindruckt. Die Kraft ihrer Zusammengehörigkeit war so stark, dass selbst ein Hotelbett zur Heimstatt wurde. Die hier im Buch vorgestellten Paare gehören alle zur selben Kategorie. Sie haben ihre individuellen Existenzen glücklich vereint, was schon keine geringe Leistung ist. Mehr noch, sie lassen ihre Lebensstile ineinander aufgehen, drücken ihre Liebe durch eine passionierte Gestaltung der Innenräume aus und schaffen sich ein Wohnambiente, das ebenso harmonisch wie optisch hinreißend ist.

Wir hoffen, dass ihr Vorbild auch Sie dazu anregt, sich ein Heim zu erschaffen, das Ihre Identität als Paar ausdrückt. Nicht allein Stile oder Geschmacksrichtungen sollen sich verbinden, sondern zwei Seelen unter einem Dach eins werden. Nur so entsteht vollkommene Harmonie.

VORHERGEHENDE SEITEN
4 *Geglückte Verschmelzung gegensätzlicher Stile: Die linke Spalte zeigt drei Zimmer aus Ericas neobarocker Altbauwohnung in Paris, bevor wir uns kennen lernten. Die mittlere Spalte präsentiert drei Ansichten von Denis' minimalistischem Pariser Loft. Die rechte Spalte zeigt (wie auch Seite 7) die Verschmelzung unserer Ästhetikvorstellungen zu einem gemeinsamen Stil in unserer ersten gemeinsamen Wohnung in der Rue de Rivoli.*

7 *Warme Holzelemente und farbenfrohe Stoffe (Erica) und kühles Metall und neutrale Farbtöne (Denis) ergeben im Zusammenspiel ein harmonisches Wohnmilieu.*

RECHTS *Unsere neue Residenz im spanischen Kolonialstil in den Hollywood Hills von Los Angeles. Hier haben wir die Mischung unserer verschiedenartigen Stile weiterentwickelt. Ein ideales Wohnambiente für Paare mit so gegensätzlichem Geschmack, wie wir ihn hatten.*

Seelenverwandte im Stil

Allegra & Ashley Hicks

Manche Paare müssen um die Harmonisierung ihrer ungleichen Stile ringen, andere dagegen sind mit ähnlichen ästhetischen Ansprüchen ausgestattet und können auf dem Gebiet der Innendekoration scheinbar mühelos zusammenarbeiten. Solche Stilkonvergenzen führen zu zauberhaften Interieurs, die mehr als nur fotogene Räume sind. Es sind wahre Liebesnester, in denen der romantische Zauber blüht und das eheliche Leben gedeiht.

Ein beneidenswertes Beispiel dafür sind die überaus kreativen Eheleute Allegra und Ashley Hicks, die gestalterisch perfekt zusammenpassen. Ashley entwirft Interieurs und die Möbelkollektion Jantar Mantar, während die gebürtige Italienerin Allegra Designerin für Interieur, Stoffe und Mode ist (sie besitzt ein gleichnamiges Lifestyle-Geschäft in Chelsea Green, London, sowie einen Design-Ausstellungsraum im Chelsea Harbour Design Center und verkauft alles von Wohnungsausstattungen bis zu Bekleidung).

Das zauberhafte Paar hat die Seiten der elegantesten Mode- und Wohnzeitschriften der Welt sowohl einzeln als auch gemeinsam geziert. Man könnte nun meinen, ein so hochprofiliertes und dynamisches Designer-Duo würde sich ein Zuhause schaffen, das einem Musterhaus entspricht. Dem ist aber nicht so. Ihr Domizil ist ein wunderbar behagliches Stadthaus in Chelsea, London.

»Es ist ganz wichtig, persönliche Dinge in die Gestaltung mit einzubeziehen«, erklärt Ashley. »Was soll es, wenn ein Haus am Abend nicht einladend wirkt? Häufig erlebt man gestylte

Häuser, denen alles Persönliche ausgetrieben wurde, bis sie nur noch Kurhotels gleichen!«

Bezaubernd, wie er den gemeinsamen Räumen einen persönlichen Touch verleiht: »Ich fertige kleine Ganesha-Schreine an und verteile sie im ganzen Haus«, sagt Ashley. Dabei bezieht er sich auf den Gott der Weisheit und des Glücks – meist dickbäuchig und mit Elefantenkopf dargestellt. »Ohne es zu wissen, heirateten Allegra und ich am Ganesha-Festtag, am 18. Oktober. Unsere Hochzeitsreise führte uns nach Indien, wo wir erfuhren, dass das Datum sehr verheißungsvoll sei und wir sehr glücklich werden würden. Daher haben wir hier überall so viele Ganeshas stehen.«

Die Hicks inspirieren professionelle Raumgestalter ebenso wie designbegeisterte Laien, und ihr Wohninterieur ist so elegant wie sie selbst. In den Zimmern und Fluren atmet alles die magische Verbindung zweier im Einklang stehender kreativer Temperamente.

Das Wohnzimmer ist das geglückte Beispiel für einen Gesamtstil, in dem sich zwei individuelle Stilrichtungen vereinen. Die Ottomane – Allegras Entwurf, der einer umgedrehten Narrenkappe ähnelt – ist mit einem prächtigen, rot-bestickten Stoff bezogen, den das Paar in Fez, Marokko, entdeckte. Daneben zwanglos verteilt zwei einzigartige Beistelltische, je ein Entwurf von Ashley und von Allegra, die trotz ihres unterschiedlichen Aussehens in eine angenehme, wenn nicht gar romantische Konversation vertieft scheinen (Ashley hat eine geometrische Metallstruktur als Unterteil gewählt, die von einer runden Holzplatte gekrönt wird, während Allegras Tischchen eine quadratische Pergamentplatte besitzt, die auf einem geschwungenen, einer Lilie nachempfundenen Fuß aus Kupfer ruht). All das wird von einem jener bezaubernden Dhurrie-Teppiche getragen, für die Allegra bekannt ist und dessen frei gestaltete Kreise sich zu einem abstrakten Muster fügen.

Ein behagliches Stadthaus in Chelsea, London

VORHERGEHENDE SEITEN
10 *Der einer Trommel nachempfundene Beistelltisch im Wohnzimmer stammt aus Ashleys Möbelkollektion Jantar Mantar. Der Sphären-Teppich ist eine Schöpfung von Allegra.*
12–13 *Das Wohnzimmer: eine geglückte Stilmelange.*

OBEN *Tapeten mit Labyrinthen und Doppel-A's schmücken die Wände des Treppenaufgangs. Das Treppengeländer gestaltete Tom Dixon, Designer und Freund des Hauses.*
GEGENÜBER *Das Wohnzimmer – im Spiegel das Bild König Edwards VII.*

Für eine sich mit Leidenschaft der Eleganz hingebende Frau ist der mit Spiegeltüren versehene Schlafzimmerschrank ein wahrer Traum. Statt sich über ihre zahlreichen Erwerbungen zu beklagen, huldigte Ashley seiner Gattin auf romantische Weise und baute ihr dieses Kleinod. »Der gehört nur mir allein«, sagt sie über den Schrank. »Ashley neigt eher dazu, Kleidung wegzuwerfen, ich nicht. Wie jede Frau, die ab ihrem 22. Lebensjahr Kleidung anhäuft, hatte auch ich nie genug Platz. Immer denke ich: ›Oh, dieser Mantel von Romeo Gigli wird meinen Kindern in fünfzehn Jahren fantastisch stehen!‹ Außerdem habe ich eine Sammlung alter Schuhe von meiner Mutter. Sie sind wunderschön. Ich brauchte also zusätzlichen Platz. Im Unterteil verfügt der Schrank über zwei Schubladen, nur für die Schuhe. Durch die Spiegel wirkt er auch nicht so übermächtig im Zimmer.«

Kommt es doch einmal zu Unstimmkeiten zwischen den beiden, was äußerst selten ist, dann gipfelt die Lösung stets in einer besonderen Bereicherung des Hauses. Typischer Fall: Wie die Wände am Treppenaufgang gestalten? Als sie vor zehn Jahren in das Haus einzogen, wollte Allegra den Flur weiß streichen. Ashley war dagegen, weil ihm klar war, dass dieser stark strapazierte Bereich schnell verschmutzen würde. »Ich dachte einfach nicht praktisch genug, da ich zumeist in Apartments gelebt hatte«, sagt Allegra heute. »Aber Ashley bestand eisern auf Tapeten. Er erklärte, dass man in einem Haus, in dem man so viel hinauf- und hinuntergeht, praktisch mit den Treppen lebt, was auch die Wände in Mitleidenschaft zieht. Tapeten kaschieren das ganz hervorragend. Er hatte Recht: Nach neun Jahren sind die Tapeten noch immer schön, wären die Wände weiß, hätten wir sie mindestens zehnmal überstreichen lassen müssen.«

Natürlich kann das Muster der Tapeten bei einem der weltweit kreativsten Paare kein Gewöhnliches sein. Da Allegra eine Vorliebe für alchemistische Symbole hat, entwarf Ashley

eine salbeigrüne Fantasie aus Labyrinthen und Tauben, die in Flaschen hineinfliegen. Und er fügte eine besonders romantische Ausschmückung hinzu: ein sich wiederholendes Muster verschlungener Doppel-A's (die gemeinsamen Initialen). Das Ergebnis ist weit mehr als nur die praktische Lösung eines allgemeinen Problems: Es ist ein bezaubernder Liebesgruß, an dem das Paar sich nun seit zehn Jahren täglich erfreut. »Sie hat eine sehr beruhigende Wirkung«, sagt Allegra. »Es ist, als könne man beim Anblick dieser Tapete seine Lebensprobleme lösen.« Auch in der Bibliothek findet sich so ein solcher Liebesgruß: der selbst gemalte Fries über dem Bücherregal. »Er stellt in verschlüsseltem Italienisch eine romantische Botschaft von mir an sie dar«, verrät Ashley. »Ich habe die Buchstaben herausgearbeitet, und sie musste dann alles selbst bemalen«, erinnert er sich lachend. »Irgendwie geht da die Romantik verloren.« Aber hier irrt er, ist es doch eine weitere bemerkenswerte Variante der Kreativität eines Paars, das die Kunst des Zusammenlebens zur Vollendung geführt hat.

RECHTS *Die Küche (oben); der Fries in der Bibliothek, mit Ashleys Geheimbotschaft an Allegra (unten).*
GEGENÜBER *Das Fenster mit den gebauschten Vorhängen ist eine Trompe-l'œil-Arbeit von Allegra, die dem Esszimmer eine reizvolle Note verleiht.*

NÄCHSTE SEITEN
18–19 *Von links im Uhrzeigersinn: Im Schlafzimmer die romantische Himmelbett-Krone im Stil von David Hicks, Innenarchitekt und Vater von Ashley. Im Vordergrund der von Ashley entworfene Korallenschmuck, ein Geschenk für Allegra. Von Allegra gestaltete Kissen in der Bibliothek und im Schlafzimmer.*

Harmonisch wohnen

• Erwarten Sie nicht, dass ein harmonisches Wohnarrangement sich über Nacht einstellt. Es braucht seine Zeit, wie alles in einer Beziehung. Ob Sie es glauben oder nicht, die Wohnung der Hicks sah nicht immer so perfekt aus. Sie zogen mit »einem alten Sofa« ein und kauften erst dann ein neues, als sie ihre Bedürfnisse erkannt hatten. Ashley meint: »Es empfiehlt sich, zunächst noch nicht zu viel Engagement aufzubringen. Ziehen Sie ein und tun Sie weiter nicht viel, bis Sie allmählich erkennen, was Sie am Haus und aneinander finden.«

• Erhalten Sie sich die Romantik, indem Sie Ihren Schlafbereich so persönlich wie möglich gestalten, besonders wenn Sie ein Kingsize-Bett besitzen. Vorhänge oder eine Krone – das Markenzeichen des großen Innenarchitekten David Hicks, Ashleys verstorbenem Vater – verwandeln Ihr Bett in ein höchst intimes Liebeszelt. Selbst ein einfaches Moskitonetz kann das wundervolle Gefühl der Privatheit in Ihr Schlafzimmer bringen und es wie einen geheiligten Ort, vom Rest des Hauses und der Welt abschirmen. Das Bett der Hicks wird von vier gebündelten Stoffbahnen eingerahmt, die von einer an der Decke montierten Krone zeltdachförmig zusammengehalten werden.

• Erinnerungsstücke der Liebe bereichern Ihr Interieur auf wunderbare und bedeutsame Weise – seien es gerahmte Hochzeitsbilder oder gemeinsame Trödelmarktfunde. Stellen Sie Fotografien von sich als Paar oder von Ihrer Familie nur in Ihrem Schlafbereich auf. »Familien- und Hochzeitsfotografien gehören nicht in das Empfangszimmer«, sagt Ashley. »Sie können leicht dominieren. All diese privaten Bilder anstarren zu müssen, ist für Gäste häufig problematisch.« Eine diskret-persönliche Note vermittelt im Schlafzimmer das ausgesprochen schöne Korallen-Collier, das Ashley für Allegra entworfen hat. Auf dem Bett liegt ein bezauberndes kleines Kissen mit den selbst gemalten Initialen »AA«.

Florence Baudoux, die viel beschäftigte, in Paris wohnhafte Architektin und Designerin, hatte einen derart vollen Terminkalender, dass sie das Loft, das ihr Mann, der Unternehmenschef Aldo Fabiani, im *Figaro* entdeckt hatte, nicht mit ihm besichtigen konnte. Aldo erkundete das frühere Ballettstudio also allein. Zurück kam er mit der viel sagenden Feststellung: »Es ist sehr schön, aber erfordert viel Arbeit.« Florence witterte eine Herausforderung und nahm sich die Zeit für eine Besichtigung. Als sie die lang gestreckte, schmale Räumlichkeit mit den enorm hohen Decken und den hoch aufragenden Fenstern sah, sagte sie sich: »Ich weiß genau, was hier zu tun ist«. Herauskam eine der eindrucksvollsten modernen Residenzen von ganz Paris.

Aldo vertraute dem innenarchitektonischen Talent und der Erfahrung seiner Frau und überließ ihr gern die Ausgestaltung des neuen Domizils. Doch wie sich herausstellen sollte, handelte es sich um weit mehr als bloße kreative Routinearbeit: Es war der Beginn eines neuen Aufgabenfeldes. Angeregt durch die ungewöhnlichen Dimensionen des Lofts – und zugleich frustriert von der Aussichtslosigkeit, für einen derart gewaltigen Raum ausreichend großes Mobiliar zu finden – entwarf Florence viele jener übergroßen Objekte, die heute ihre hervorragende Möbel-Kollektion oom ausmachen.

Zu ihren genialen Kreationen gehören ein langer, schmaler Couchtisch mit einer farbig lackierten, tablettähnlichen Tischplatte, ein überlanges Sofa mit Querstreifen und Stahlfüßen

Klassik trifft auf Moderne

Florence Baudoux & Aldo Fabiani

bloom
bloom

sowie Deckenlampen, die beleuchteten UFOs ähneln und die hervorragend zu den Stuckleisten im oberen Wandbereich passen. »In einem derartigen Raum brauchen Sie solche fliegenden Untertassen!«, erklärt sie. Ihre Entwürfe harmonieren ausgezeichnet mit den anderen Möbel-Ikonen, darunter Stühle der Eames' und von Paul Kjerholm sowie ein Sofa von Cappellini. Florence hat einen recht eigenwilligen Geschmack: Als strenge Minimalistin schmückt sie ihr Zuhause niemals mit Blumen, Pflanzen, Kunstwerken oder Familienfotos. Die einzigen dekorativen Gegenstände sind die Keramikvasen aus den 1960er Jahren, die das Paar sammelt. Sie sagt, zu diesem Lebensstil im Loft sei sie bereits in der Zeit vor der Renovierung inspiriert worden. »Als wir einzogen, hatten wir unser gesamtes Mobiliar verkauft, außer einem Tisch, den Stühlen und dem Bett«, sagt sie. »In der ersten Nacht hier sagte ich: Es ist fantastisch, ohne alles zu wohnen! So werden wir leben!« Aldo, der immer Liebenswürdige, ist nach anfänglichem Misstrauen gegenüber einem derart minimalistischen Lebensstil heute »sehr glücklich« damit. »Es ist großartig, so viel Platz zu haben«, sagt er. »Man fühlt sich wirklich frei, weil man keine überflüssigen Sachen mehr hat.«

Was Aldo zum Leben allerdings unbedingt braucht, ist eine erstklassige Stereoanlage. »Er hört sehr gern Musik«, sagt Florence. »Wenn er von der Arbeit nach Hause kommt, ist es das Erste was er tut; so kann er am besten abschalten.« Aldo hat die Audioanlage (von BW und Meridian) ausgesucht, aber die riesigen Lautsprecher sind Florence ein Dorn im Auge. »Ich wollte die von Bang und Olufson, weil sie so formschön sind«, meint sie. »Sie sind schön«, stimmt Aldo zu, »aber sie haben nicht die beste HiFi-Qualität.« Mittlerweile ist sie froh, dass er nicht nachgegeben hat. »Der Ton, der aus solchen Lautsprechern kommt, bietet Ihnen wirklich das ganze Spektrum. Es ist unglaublich«, sagt sie.

Was tun, wenn die großen schwarzen Monolithen nicht gerade zum attraktivsten Zubehör im Raum gehören? Florence hat dieses Problem bereits auf ihrer Liste stehen. Und wie wir sie kennen, wird auch das wieder ein völlig neues kreatives Tätigkeitsfeld eröffnen.

Eine minimalistische Wohnung in Paris

VORHERGEHENDE SEITE
21 *Das Wohnzimmer mit dem von Florence entworfenen Sofa und den Couchtischen, die sie zu ihrer Möbel-Kollektion oom anregten.*
GEGENÜBER *Aldos Stereoanlage dominiert das Wohnzimmer.*
NÄCHSTE SEITEN
24 *Diese Treppe aus Edelstahl führt zum Schlafzimmer hinauf.*
25 *Die kunstvollen Stuckleisten sind das einzige Überbleibsel aus dem ehemaligen Ballettstudio, das Florence vollständig modernisiert hat.*
26 *Das Badezimmer mit den jeweiligen Schrankteilen. Aldos Bereich ist streng geordnet (oben). Der italienische Esszimmertisch mit Stahlrahmen und Glasplatte ist eine Spezialanfertigung (unten).*
27 *Die aus den 1960ern stammenden Vasen von Ruellan bleiben immer leer. Als strenge Minimalistin mag Florence keine Blumen. »Mein Mann kennt mich gut genug, um mir keine Blumen mitzubringen«, sagt sie.*

Harmonisch wohnen

• Stimmen Sie sich bei der Farbgebung der Wände ab. Und setzen Sie wegen strittiger Farben Ihr Glück nicht aufs Spiel, besonders nicht wegen zu femininer. Das hübsche und praktische dunkle Khaki-Grün, das Florence und Aldo ausgewählt haben, ist neutral und als Wandfarbe gut geeignet.

• Wenn Sie sich auf unterschiedliche Art organisieren, teilen Sie sich Ihren Raum dort auf, wo es wirklich darauf ankommt: im Schrank. Bei Florence und Aldo läuft das eher untypisch ab: Sein Schrankteil ist größer als der ihre. In seinem Bereich ist jedes Stück peinlich genau geordnet, von den Hemden bis zu den Schuhen und mit viel Platz zwischen den maßgeschneiderten Anzügen, damit sie atmen können. Florence hingegen bevorzugt avantgardistische Kleidung, wobei es sie nicht stört, ihre Comme-des-Garçons-Stücke neben diejenigen von Isabel Marant zu stopfen.

• Lassen sich die elektronischen Anlagen nicht verbergen, dann arrangieren Sie sie möglichst ansprechend. Florence mag zwar die Musik aus Aldos Lautsprechern, nicht aber ihren Anblick. Solange sie keine bessere Lösung findet, flankieren die beiden schwarzen Türme den Großbildfernseher, der dadurch wie ein gerahmtes Hightech-Bild wirkt.

Das Drei-Monats-Wunder

Lisa Lovatt-Smith & Anthony Allen

Lisa Lovatt-Smith, eine Autorität in Sachen Design, hat in ihren zahlreichen Büchern über Innenarchitektur einige der weltweit schönsten Wohninterieurs vorgestellt. Zusammen mit dem Künstler Anthony Allen ist es ihr gelungen, eine Hausruine in der Nähe von Barcelona in eine Wohnstatt von atemberaubender Schönheit zu verwandeln, deren Hauptingredienz die Fantasie ist.

»Das Haus ist sehr groß, mit fünf Schlafzimmern, war aber schon so baufällig, dass es unglaublich billig war, obwohl es als architektonisch bedeutendes Gebäude unter Denkmalschutz stand«, erklärt Lisa. »Das Dach fehlte, überall waren Ratten und Vögel, die sanitären Einrichtungen und die Stromanschlüsse stammten von 1927, und es war voller Ruß aus dem offenen Kamin in der Küche.« Nur ein Visionär vermag über solche Nachteile hinwegzusehen. Glücklicherweise ist das Anthonys Stärke. »Ich habe vorgeschlagen, dorthin zu gehen und das Haus anzusehen«, sagt er. »Und es wurde für uns der Beginn eines großen Abenteuers. Wir hatten uns eine Menge Arbeit aufgebürdet, aber ich war mir sicher, dass wir es instand setzen konnten, wenn wir nur kreativ bleiben würden.«

Mit etwas Hilfe von Freunden gelang es dem Paar, die Renovierung bereits nach unglaublichen drei Monaten abzuschließen. »Wir haben unser ganzes Geld in die Instandsetzung des Hauses gesteckt«, sagt Lisa. »Danach hatten wir kein Geld mehr für die Innenausstattung!«

Lisa und Anthony stecken voller Ideen und Einfallsreichtum. Sogar als wir das Esszimmer fotografierten, griff Lisa plötzlich

Sucre

Ein wundervoll restauriertes Haus in Barcelona

VORHERGEHENDE SEITE
29 *Dieses abgenutzte Kleinod von einem Sofa ist Ausdruck der Ästhetik des Paars; darüber hängt ein Gemälde von Anthony.*
GEGENÜBER *Brioche, der Hund, auf ein gestreiftes Liegesofa gekuschelt (oben). Die Küche ist eine Fantasie aus bunten Keramikfliesen der Region (unten).*
RECHTS *Ein Blick durch die geöffnete Original-Glastüre in das Wohnzimmer und auf ein weiteres Bild von Anthony.*

zum Pinsel und malte weiße Muster auf die gelben Samtstühle! Das Interieur, das sie und Anthony geschaffen haben, ist eine kreative Mischung aus Fundstücken vom Trödelmarkt, Sammelgut und Geschenken von Freunden und Familie.

Anthonys künstlerisch-handwerkliche Arbeit ist überall ersichtlich, von der wechselnden Gemäldeaustellung im Gesellschaftsraum, wo das Paar Kunstsammler zu Gast hat, bis hin zu den farblich kühn gestalteten Wänden. Mit Künstlerpigmenten gelangen ihm hinreißend satte Farbeffekte. Der Liebe Lisas zu Marokko Rechnung tragend, wählte er eine Palette intensiver, für Marrakesch typischer Farbtöne. Der Zauber der Geste kam bei Lisa an: »Würde man alle Möbel wegnehmen, hätte man dennoch ein großartiges Haus; die Wände verschlagen den Leuten den Atem.«

Ein Projekt von solchen Ausmaßen kann eine Partnerschaft schnell belasten. Doch Anthony versichert: »Es war eine fantastische Zeit, und sie tat unserer Beziehung wirklich gut. Wir haben eine große Verantwortung gemeinsam getragen, und das brachte uns einander näher, weil wir uns gegenseitig helfen mussten. Wir waren beide fest entschlossen, es in kürzester Zeit zu schaffen – und das mit einem recht knappen Budget. Es war eine großartige Leistung, und wir haben es genossen, weil wir beide jung und fit genug dafür waren. Ein Zuhause ist mehr als ein Haus, es ist etwas, das mit einem wächst.« Lisa nickt zustimmend. »Wenn ich Leute hierher bringe, dann muss ich nicht erklären, wer wir sind, oder was wir vorhaben, denn es ist ganz offensichtlich. Das Haus ist in dreidimensionaler Hinsicht der gelungenste Ausdruck unserer Identität als Paar: lustig, unbeschwert, irgendwie exotisch, hübsch und nicht zu ernst.«

VORHERGEHENDE SEITEN
32–33 *Das Esszimmer mit einem Arrangement von Anthonys Bildern und den gelben Samtstühlen, die von der stets kreativen Lisa direkt vor unserer Aufnahme farblich gestaltet wurden.*
GEGENÜBER *Der dunkelblau gehaltene Flur mündet in das sonnige Schlafzimmer.*
LINKS *Das Schlafzimmer mit dem fuchsienroten Betthimmel in Form eines »Zirkuszelts« (oben); safrangelbe Wand mit marokkanischen Bildern von Hervé van der Straten (unten).*
NÄCHSTE SEITEN
36–37 *Im Uhrzeigersinn von links oben: Im Badezimmer ein Waschbecken im alten Stil, ein Fundstück vom Trödelmarkt in Barcelona; ein oben gestreifter Wandbereich mit farbig lasiertem Zement darunter. Den Flur säumen Fotoarbeiten von Jeanloup Sieff, David Bailey und anderen. Vor der in kräftigem Pink gehaltenen Wohnzimmerwand steht ein marokkanisches Teetablett aus Messing, auf dem eine dekorative Keramikschale aus der Region ruht; daneben ein charmant verschlissener Sessel.*

Harmonisch wohnen

• Lisa und Anthony haben wahre Wunder vollbracht; sie führten alle Arbeiten selbst aus und weigerten sich, mehr als 50 Dollar für irgendein Möbelstück auszugeben. Halten Sie also ein beschränktes Budget nicht für eine Einschränkung; im Gegenteil, es kann Ihnen mehr Kreativität und Sinn fürs Praktische abverlangen als Sie je in sich vermutet hätten.

• Fürchten Sie sich nicht vor einem baufälligen Haus. Wenn Sie es nach und nach herrichten, gibt es nicht diesen unmittelbaren Perfektionsdruck und auch nicht so sehr die Angst, zwischen den Stühlen zu sitzen.

• »Farbe kann die Proportionen und die Stimmung eines Raums wirklich verändern«, sagt Lisa. »Haben Sie Mut zur Farbe. In einem weißen Haus könnte ich nie und nimmer leben, so viel steht fest!«

Ein ganz besonderer Zauber geht von handgefertigten Fliesen aus. Aus Ton oder ähnlichen Materialien geformt, rufen sie Erinnerungen an die ältesten und beständigsten Mythen der Schöpfungsgeschichte wach. Wo auch immer in einem Haus mit Fliesen dekoriert wird, ist das Resultat äußerst reizvoll. Außerdem fühlen sie sich gut an und erwecken den Eindruck von Dauerhaftigkeit. Fliesen zu legen, ist mehr als nur dekorative Ausschmückung, es bedeutet auch, Wurzeln zu schlagen.

»Es fühlt sich wunderbar an, auf Fliesen zu gehen«, sagt Martine Murat, die zusammen mit ihrem Gatten, dem Architekten Christian Berthéas, in Aix-en-Provence lebt. Gemeinsam stellen sie eine Kollektion außergewöhnlicher Zementfliesen her, die Carocim heißt (eine Verbindung aus französisch *carreau*, Fliese, und *ciment*, Zement). Zementfliesen sind vorteilhafter als Fliesen aus Keramik, erklärt Christian, da »sie viel weniger glänzen und sich warm anfühlen, während Keramik kühl wirkt«. Aber dies ist nicht der einzige Vorzug, sie lassen sich auch viel dichter legen als Keramikfliesen. Sie benötigen weniger Verfugung und wirken fast wie aufgemalt.

Für ihre farbenfrohen und originellen Kreationen dient Martine und Christian ihr Heim als eine Art »Laboratorium«. Bereits beim Eintreten werden die Gäste von der hinreißenden Carocim-Kunst begrüßt. Die Fußböden mit ihrer Fülle von dekorativen Fliesen ziehen sofort die Blicke auf sich. Dabei handelt es sich aber nicht um ein unpersönlich gefliestes Musterhaus,

Ehe-Mosaik

Martine Murat & Christian Berthéas

sondern um ein durch und durch persönlich gestaltetes Wohninterieur, in dem viele von Reisen mitgebrachte Erinnerungsstücke ihren Platz gefunden haben.

Der vordere Eingangsbereich ist mit in Beton eingelassenen großen Kieseln gepflastert – sehr ungewöhnliche »Fliesen«, auf denen man wie auf kleinem Kopfsteinpflaster geht. Nach einigen Schritten entdeckt man das rechteckige Mosaik – aus glatten, flachen und blauen Fliesen, das von einem gemusterten Fliesenrand umsäumt wird – die gelungene Vision eines dekorativen Teppichs (der nie verschmutzt oder verrutscht!). Solche überwältigenden Böden erinnern an Marokko, dem Lieblingsreiseziel der beiden Vielflieger. So stammen auch viele der Einrichtungsgegenstände aus Marrakesch, wo schöne und dekorative Fliesen zum Alltag gehören.

Der zur rückwärtigen Tür führende lange Gang beherbergt eine eindrucksvolle Sammlung von Masken und Stiefeln sowie einen farbenfrohen Boden mit einem Mondrian nachempfundenen Fliesenarrangement in verschiedenen warmen Gelb- und Orangetönen. Dieser Boden ruft Erinnerungen an die schwüle Hitze Mexikos wach – einem ebenfalls geschätzten Reiseziel des Paars. Die Fliesen wirken in gewisser Weise auch jazzig, denn Christian ist Jazzmusiker (überall im Haus finden sich seine zahlreichen Schlagzeuge und Gitarren). Im Schlafzimmer lockern zusätzlich eingestreute hellblaue, rosafarbene, gelbe, violette und grüne Carocim-Fliesen den ursprünglichen Terrakottaboden auf.

Die meisten von uns haben Fliesen in der Küche und im Badezimmer, die oft recht schmucklos sind. Bei Christian und Martine gibt es überall ungewöhnliche Fliesen, auch in der Küche, deren Boden mit ganz besonders gestalteten Fliesen auslegt ist: Ihre Schneckenverzierung basiert auf einem Art-déco-Muster von 1924.

Aber nicht nur die Böden sind mit Fliesen ausgelegt. Der von Martine im Schachbrettmuster handgeflieste große Couchtisch im Wohnzimmer erhielt ein rechteckiges Mittelteil aus orangefarbenen und roten Blumenfliesen. Im Wäscheraum fliegen stilisierte Vögel auf Fliesen elegant an den Zementwänden entlang, und auf den Keramikquadraten des Bodens tummeln sich Frösche, Schildkröten und Krebse.

Inspiriert wird dieser spielerische Umgang mit den Carocims von der großen Tierliebe des Paars. Derzeit haben sie vier Katzen, einen Hund und mindestens 28 Vögel, darunter Papageien und Finken. Übrigens ist das einzige nicht geflieste Zimmer das Vogelhaus, in dem die Vogelkäfige stehen. Aber Martine meint, das werde sich bald ändern: »Es fehlt nur immer an der Zeit!«

Das Haus der Fliesen in der Provence

VORHERGEHENDE SEITE
39 *Der Eingangsbereich mit dem schönen »Teppich« aus handgefertigten Carocim-Fliesen, mit Stein-Einlegearbeiten und Objekten aus Marokko.*

GEGENÜBER *Eine Wand-Collage aus Familienfotos am Treppenaufgang von Martines Büro zu den Schlafzimmern.*

LINKS *Fliesenkunst auch im Sitzbereich des gemeinsamen Schlafzimmers. Eingearbeitete Carocim-Fliesen lockern den ursprünglichen Terrakottaboden auf (oben). Der große Couchtisch im Wohnzimmer (unten) hat ein schwarzweißes Schachbrettmuster, in dessen Mitte ein rechteckiges Feld mit Blütenmustern eingelegt ist.*
GEGENÜBER *Eine marokkanische Tür und Fliesen mit Tiermotiven im Wäscheraum. Vögel auf Fliesen fliegen an der Zementwand entlang, und auf dem Boden tummeln sich Tiere auf Keramikplatten.*

Harmonisch wohnen

• Weltweit wächst die Begeisterung für handgefertigte Fliesen. Jenseits von Küche und Bad werden sie zum immer häufiger eingesetzten dekorativen Gestaltungsmittel. Fliesen zaubern ein Flair zeitloser Schönheit in jedem Ihrer Zimmer; zudem sind sie enorm praktisch. Es gibt wohl kaum etwas Besseres als einen gefliesten Cocktailtisch, der Untersetzer so gut wie überflüssig macht!

• Vielen Paaren fällt die Entscheidung für Fliesen nicht schwer, da sie weder zu feminin noch zu maskulin, sondern eher neutral wirken. Menschen mit gegensätzlichem Geschmack können sich leichter auf Fliesen einigen als auf manch andere dekorative Materialien.

• Paare mit Kindern und/oder Tieren oder Paare, die eine Familie planen, schätzen geflieste und daher gut zu reinigende Oberflächen ganz besonders. Auch können einfache, leicht zu pflegende Oberflächen häuslichen Zank vermeiden helfen.

LINKS *Fliesen im Art-déco-Stil auf dem Küchenfußboden (oben) sowie in der gesamten Küche (unten).*
GEGENÜBER *Christian ist Musiker und brachte bei seinem Einzug in Martines Heim nur seine Instrumente mit.*

Marshall

Kaum jemand würde einen teils auf altrömische Zeiten zurückgehenden verlassenen »Steinbruch« kaufen, um ihn zu einem Familienrefugium umzugestalten. Doch Philippe Jonathan und Patricia Tartour sind keine gewöhnlichen Leute. Ihre außerordentliche Leidenschaft für ihren Beruf – er ist Architekt, sie ist Reiseberaterin – prägt ihr gesamtes Leben und somit auch ihr wundervoll einzigartiges Domizil in der Provence. »Ein Haus zusammen zu gestalten ist wie gemeinsam ein Kind zu haben«, darin stimmen die beiden, die drei Töchter großgezogen haben, gleichmütig überein. »Dieses Haus ist unser viertes Kind.«

Patricia und Philippe, die in Paris eine feste Wohnung haben, hegten nie die Absicht, ein Haus zu kaufen. Da sie aber seit Jahren jeden Sommer in der Luberon-Gegend Häuser anmieten, überlegten sie, ob sie nicht ebenso gut eines kaufen könnten. Einige Versuche verliefen ergebnislos. Aber eines Tages, erinnert sich Patricia, »sagte der Grundstücksmakler: ›Ich glaube, ich habe da etwas für Sie – ein verrücktes Haus für verrückte Leute!‹« Dann zeigte er ihnen das Anwesen aus Kalksteinblöcken mit den vier kleinen Steinbungalows. Als sie von dem günstigen Aussichtspunkt einer kleinen, an den Hang

Reise-Gefährten

Patricia Tartour & Philippe Jonathan

Wohnen in einem Natursteinblock-Anwesen in der Provence

VORHERGEHENDE SEITE
47 *Das Wohnzimmer mit Mobiliar aus Thailand, China, Indien und Burma.*
LINKS *Philippes aus Kalkstein gehauenes Büro (oben). Einfache Steingebäude liegen auf dem Anwesen verstreut. Dieses beherbergt das Schlafzimmer und ein privates Wohnzimmer (unten).*
GEGENÜBER *Die Überreste von Natursteinblöcken rufen in Patricia und Philippe Erinnerungen an die großartigen Tempel von Angkor Wat wach. Patricias (aber nicht von Philippe) geliebtes Sofa wurde in den Randbereich verbannt.*

geschmiegten Steinbank den gesamten Naturschutzpark des Luberon überblickten, wussten sie, dass es das war. »Wir sahen einander an«, sagt Patricia, »und wussten, dass wir hier sehr glücklich werden würden.«

Ein besonderer Reiz des Anwesens ist seine exponierte Lage. Die Landschaft mit den Wolken erinnerte Patricia und Philippe an China. Ihre gemeinsame Liebe zu China hatte sie zusammengebracht. Ausgedehnte Reisen dorthin ließen sie auch die chinesische Sprache perfekt erlernen. Wie sich bald herausstellen sollte, war das Projekt, wie eine Ehe, eine unablässig im Werden begriffene Arbeit. »Als Paar muss man ständig aufeinander bauen«, sagt Patricia, »das ist der Sinn des Zusammenlebens. Wenn man keine Kinder mehr bekommt und ein Haus wie dieses kauft bzw. ein derart interessantes Projekt realisiert, dann ist das eine Garantie dafür, dass man immer ein gemeinsames Ziel vor Augen hat.«

Der verfallene Glanz des neuen Domizils, seine enorme Ausdehnung und fast klösterliche Abgeschiedenheit hat sie zu gewissen Verrücktheiten angeregt. Auf ihren Reisen kaufen Philippe und Patricia gern im großen Stil ein. Eines von Patricias Geschäftsprojekten, L'Esprit Chine in Paris, ist eine Boutique für asiatische Einrichtungsgegenstände. Auch vor dem Erwerb des Anwesens brachten sie bereits Schiffscontainer voll Mobiliar von ihren Asienreisen mit. Jetzt können sie dank der fast grenzenlosen Ausmaße ihres neuen Domizils ihrer Fantasie freien Lauf lassen. Von Terrakottagefäßen bis zum Mobiliar aus Teakholz, von Metallarbeiten bis zu den Spiegeln stammt diese außergewöhnliche Sammlung von Einrichtungsgegenständen aus China, Burma, Kambodscha, Sri Lanka und Rajasthan.

Mittlerweile reisen die Eheleute weniger, da sie sich durch ihr selbst geschaffenes Reich glücklich gebunden haben. »Diese Art von Domizil lässt einem die Dinge mit einem weiten Blickwinkel sehen«, meint Philippe abschließend.

VORHERGEHENDE SEITEN
50 *Chinesischer Teegenuss im nachmittäglichen Schatten auf einem Verbindungsweg zwischen zwei der auf dem Gelände verstreuten Häuser.*
51 *Die unberührte Wildnis, die das Paar als Erstes an ihrem neuen Zuhause beeindruckte, wurde bewusst unangetastet gelassen.*
GEGENÜBER *Das Gästeschlafzimmer mit der ursprünglichen Steinmauer.*
NÄCHSTE SEITEN
54 *Die minimalistisch gestalteten Räume vereinen Tradition und Moderne.*
55 *Als die Eheleute sich kennen lernten, besaßen sie je eine chinesische Holztruhe von hohem persönlichem Wert – ein Zeichen ihrer geteilten Asien-Leidenschaft. Oben Patricias Truhe. Die Rundbogenfenster im Schlafzimmer orientieren sich an der Architektur Tunesiens, wo Patricia aufgewachsen ist (unten).*

Harmonisch wohnen

• Achten Sie gegenseitig auf Ihre Vorstellungen, und respektieren Sie den Geschmack und die Bedürfnisse des anderen. Obwohl Philippe Architekt ist, hat er sich mit seinen Plänen nie pauschal aufgedrängt. Mit vielen architektonischen Details im Haus zollt er Patricia Tribut, z. B. mit den Rundbogenfenstern im Schlafzimmer, die sich an der Architektur Tunesiens orientieren, wo sie aufgewachsen ist.

• So viel Platz kann eigentlich nur zu einem harmonischen Zusammenleben führen. Kommt es dennoch einmal zu (übrigens seltenen) Unstimmigkeiten über ein Möbelstück, gibt es für sie keinen Grund, es wegzugeben, zu verkaufen oder einzulagern. Wie im Fall der beiden verschnörkelten Sofas im holländischen Kolonialstil, die Philippe partout nicht ausstehen kann, Patricia aber zum Leben braucht. Sie stehen jetzt am Eingang des Natursteingebäudes, wo sie Philippe nicht stören und Patricia Freude bereiten.

• Eine im Werden begriffene Arbeit muss nicht erst fertig sein, um spektakulär zu wirken. Manchen erscheint das Anwesen der Eheleute Tartour und Jonathan wie eine archäologische Ausgrabungsstätte, doch für sie selbst ist es ihr geliebtes Refugium.

Irene und Giorgio Silvagni inspirieren uns schon seit mehr als zwanzig Jahren. Er arbeitet als Filmproduzent und sie, eine Frau von großer Eleganz, als Kreativdirektorin für den japanischen Avantgarde-Designer Yohji Yamamoto. In Südfrankreich haben sie ein Haus aus dem 17. Jahrhundert restauriert, das eines der am meisten bewunderten und fotografierten Interieurs der Welt werden sollte – der Archetypus dessen, was alle Welt sich als provenzalische Wohnlandschaft wünscht. Freunde aus aller Welt freuen sich auf einen Besuch bei den Silvagnis, die wunderbare Gastgeber sind. Ihr Domizil ist nicht nur ausgesprochen schön, sondern auch unmittelbar an ihre Persönlichkeit gebunden. Es ist ein so klares Spiegelbild von Irene und Giorgio, dass selbst bei ihrer physischen Abwesenheit ihre Präsenz zu spüren ist. Dieses Haus hat *Seele*.

Nichts ist zauberhafter, als sich gemeinsam in ein Haus zu verlieben. Es ist, als würde man sich erneut ineinander verlieben. Und genau das geschah bei Irene und Giorgio. Als sie ihr »Dornröschen«-Haus zum ersten Mal sahen, verschlug es ihnen den Atem, auch wenn es verlassen und die Fenster mit Brettern vernagelt waren. Mit einer Taschenlampe gelang ihnen ein erster flüchtiger Blick ins Innere. Die schlafende Schöne wieder zum Leben zu erwecken, gelang mit schierer Liebesarbeit und vereinter Anstrengung. Irene geht gern auf Flohmärkte und steht für gewöhnlich jedes Wochenende bei Morgengrauen auf, um ihre Streifzüge durch *les puces* zu machen. Jahrelange

Ein Neubeginn

Irene & Giorgio Silvagni

Praxis hat ihren Jagdinstinkt geschult, und unter der gespielten Bestürzung ihres Gatten bereichert sie ihr Zuhause mit ungewöhnlichen Schätzen.

»Irgendwie bin ich kaufsüchtig«, sagt sie und deutet lachend auf einen Wandschirm, der das Schlafzimmer vom Badezimmer trennt und unter der Last ihrer eindrucksvollen und ständig wachsenden Textiliensammlung ächzt. »Ich liebe alte Spitzen, Kostüme und Textilien aus Japan, China, Indien, Russland ..., und ich lasse meine Sachen gern hier draußen, damit ich alles ansehen kann. Mindestens einmal in der Woche sagt mein Mann zu mir: ›Wann tust du endlich den alten Mist weg?‹ oder ›Wann machst du ein Geschäft auf?‹ Es ist ein Spiel zwischen uns, und das nun schon seit dreißig Jahren!«

Irenes Leidenschaft ist das Stöbern und Sammeln, Giorgios dagegen die praktische Innenraumgestaltung. Als die Eheleute endlich ihr gesamtes Mobiliar ins Haus geschafft hatten, wurde es während ihrer Abwesenheit eines Tages gestohlen – darunter auch eine Louis-XIII-Truhe mit Originalvergoldung, an der Giorgio besonders hing. Danach, erzählt Giorgio, kamen Irene und er überein, »nie mehr etwas Wertvolles anzuschaffen. Stattdessen kauften wir ganz gewöhnliche Sachen, die wir veränderten und bemalten; und sie haben viel Charme«. Giorgio

VORHERGEHENDE SEITE
57 *Treppenabsatz im Obergeschoss zwischen Gäste- und gemeinsamem Schlafzimmer.*
GEGENÜBER *Blick vom gemeinsamen Schlafzimmer aus.*
RECHTS *Persönliche Bereiche für stille Stunden: Giorgios Swimmingpool (oben); Irenes geliebter Garten, hier mit einem von Giorgio entworfenen Leuchter (unten).*

schuf viele der Einrichtungsgegenstände aus »sehr einfachen Elementen wie Eisenröhren und Platten, Holzfundstücken und Stoffen«. Eines unserer Lieblingsstücke bei den Silvagnis ist ein Kleiderschrank, den Giorgio zusammengeflickt und dessen Vorderpaneel er unter Verwendung von Stücken aus Irenes Textilsammlung gestaltet hat. Ein gelungenes Beispiel ihres kreativen Zusammenwirkens.

Der Dieb der Originalmöbel nahm auch eine Menge Gemälde mit. »Das ist der Grund, weshalb nicht ein einziges Bild in unserem Haus hängt, und weshalb es hier Rahmen gibt, in denen nichts drin ist – außer dem Gemälde im Esszimmer, einem Porträt meiner Urgroßmutter«, erklärt Giorgio. Übrigens ersetzte er die verloren gegangenen Gemälde, indem er die Wände selbst bemalte. Ursprünglich wollte er dafür Naturpigmente haben, wie man sie in Italien verwendet, wo er aufwuchs. Als der Maler den Kostenvoranschlag nannte, war es Giorgio zu teuer, und er machte sich selbst an die Arbeit. »Immer wenn ich auf Geschäftsreise in Rom war, buchte ich das Hotel de Ville, das nur ein paar hundert Meter von der Villa Medici entfernt liegt, um dort zu beobachten, wie sie die Wände restaurierten«, erklärt er. »Nach meiner Rückkehr experimentierte ich dann auf einem schmalen Streifen im Badezimmer mit verschiedenen Farbschichten – und einem sehr ansprechenden Ergebnis. Also wurde ich anspruchsvoller, verwendete hellere Pigmente und fügte intensivere hinzu. Und dies ist dabei herausgekommen!«

Der Effekt ist reizvoll und erinnert entfernt an die verwitterten Fresken im alten Rom oder an die Ölbilder Mark Rothkos. In einem Zimmer versah er die Wände mit einem dunklen

LINKS *Das Esszimmer ist ganz von Giorgios künstlerischem Schaffen geprägt – die bemalten Wände, der selbst gefertigte Leuchter, das Konsoltischchen, das er aus einem Stück Balkongeländer gefertigt hat.*

Terrakottafarbton, damit sie zu Irenes geliebten Tonurnen passten. »Sehr poetisch sagte sie zu mir: ›Ich möchte ein Zimmer in der Farbe des Sonnenuntergangs.‹ Also mischte ich die Pigmente so, dass sie zu den Urnen passten.«

Für Giorgio ist auch die Anordnung der Gegenstände wichtig. »Manchmal muss ich die Dinge einfach verrücken«, gesteht er. Was er auch stets tut. »Ich kaufe zum Beispiel Vasen und stelle sie ins Wohnzimmer«, sagt Irene, »und komme ich dann wieder, hat er sie anders gestellt und neu arrangiert. Ich sage: ›Du hast sie umgestellt‹, und er sagt: ›Ja, so sehen sie einfach besser aus!‹«

Die liebevolle und aufmerksame Zuwendung, die Irene und Giorgio ihrem Haus angedeihen ließen, hat ihnen und ihren Gästen schon viele Jahre Freude gebracht und ihre Bindung vertieft. In Frankreich ist das so genannte *maison de famille* ein Haus im Familienbesitz, das von Generation zu Generation weitervererbt wird.

Mit diesem Haus haben die Silvagnis in kürzester Zeit vollbracht, wofür sonst ein ganzes Menschenleben nötig ist, sie haben ein wahrhaftiges *maison de famille* geschaffen.

LINKS *Eine von Irenes Vasen, die zu Giorgios handbemalter Wand passt (oben); Irenes Keramiksammlung, davor ein Klavierstuhl mit den von Giorgio in Gold gefassten Beinspitzen – ein Willkommensgruß an Irene (unten).*

GEGENÜBER *Das Wohnzimmer als idealer Ort für ein Mittagsschläfchen.*

NÄCHSTE SEITEN
64–65 *Drei Ansichten des behaglichen gemeinsamen Schlafzimmers, einem Refugium für das Paar, das häufig Gäste empfängt.*

1935

CHANEL
I CANI DEL MO
ROTELL
MARIANO FORTUNY
STORIA DEL CINEMA
FIAC 83
ARCHITECTURES DU CIRQUE
Manet
PARIS
MOSCOU
BOUCHERON
EXPERIMENT BAUHAUS
La rime et la raison
ENCYCLOPAEDIA UNIVERSALIS

Harmonisch wohnen

• Selbst wenn zwei Existenzen sich so stilvoll verbinden wie bei Irene und Giorgio, ist es dennoch wichtig, dass beide das Gefühl haben, ihren eigenen Bereich, ihr alleiniges Refugium zu besitzen. Für Giorgio ist es der schmale Swimmingpool. Bei der Festlegung der Poolbreite streckte er die Arme aus und fügte für jede Seite noch 15 Zentimeter hinzu. »Ich bin ein Egoist«, erklärt er, »ich schwimme gern allein!«

• Die Do-it-yourself-Bewegung bietet mehr als nur die Möglichkeit, Geld zu sparen. Wunderschönes Mobiliar und dekorative Ausschmückungen selbst zu machen, lässt Sie Ihr Zuhause mit anderen Augen sehen – und kann eine Inspiration für neue spannende Projekte sein.

• Ihr häusliches Leben kann interessant und lustig sein, wenn Sie die Marotten Ihres Partners oder Ihrer Partnerin mit einem Lächeln akzeptieren. Irene ist eine unbändige Sammlerin, aber statt sie davon abzuhalten, begrüßt Giorgio jede Neuerwerbung mit einem Witz. An den sich daraus entspinnenden gewohnheitsmäßigen Neckereien haben beide ihren Spaß.

GEGENÜBER *Von frappierender Ähnlichkeit sind die im Gästeschlafzimmer aufgestellten Porträtfotos von Irene und Giorgio, obwohl sie von zwei verschiedenen befreundeten Fotografen und zu verschiedenen Zeiten aufgenommen wurden (Giorgio von François Halard; Irene von Ferdinando Scianna).*
LINKS *Im Uhrzeigersinn von oben: Irenes sich ständig vergrößernde Textiliensammlung; im Esszimmer ein hübscher Lampenhalter aus dem Teilstück eines Louis-XIV-Treppengeländers (Giorgio); mit Saristoff baldachinartig behängte Gästebadewanne.*

»Wir lieben es, gemeinsam Häuser zu gestalten«, sagt der Künstler Nicholas Vega, der schon seit Teenagerzeiten, als sie sich erstmals auf der Highschool trafen, mit der heutigen Modedesignerin Liza Bruce, zusammen ist. Auch als verheiratetes Paar setzen sie ihre persönliche und berufliche Liebesaffäre fort. Ihr perfektes Aufeinander-Abgestimmtsein manifestiert sich in jedem Interieur, das sie gemeinsam gestalten. Nicholas hat im Lauf der Jahre neben der Innenausstattung von Lizas Geschäften auch ihre gemeinsamen Domizile in London, Jaipur, Indien, und St. Jean Cap Ferrat, der Stadt an der Französischen Riviera, gestaltet, wo sie ein wunderschönes Haus aus den 1970er Jahren besitzen. Sehr erstaunlich war, wie rasch das Paar die Gestaltung des Hauses beendete. Insgesamt benötigten sie nur neun Wochen, »inklusive Garten, den wir komplett neu bepflanzten, und dem Pool, den wir im Blau von Yves Klein neu fliesten«, sagt Nicholas stolz. »Man muss furchtlos sein, das ist das Entscheidende im Leben«, fügt er hinzu. Das gilt besonders, wenn Interieurs unter extremem Zeitdruck zu gestalten sind.

Die lilafarbene römische Jalousie im Wohnzimmer und die dazu passende lila Markise vor dem Fenster bestimmen die Lichtverhältnisse im Wohnzimmer. »Nicholas hatte diese Idee, während ich es für einen sehr gewagten Schritt hielt«, gesteht Liza. »Sie erwies sich jedoch als richtig für die gesamte Atmosphäre in der Villa.« Nicholas wusste genau, was er tat: »Die

Partner im Stil

Liza Bruce & Nicholas Vega

Farbe Lila eignet sich hier gut, weil sie eine wirklich beruhigende Farbe ist, die das intensive mediterrane Licht abmildert. Sie schafft zu jeder Tageszeit ein weiches Licht wie in der Morgen- oder Abenddämmerung.«

Liza tendiert zu Textilien im Ethnolook und zu Naturmaterialien wie Holz, Nicholas dagegen mehr zu Ikonen der 1970er Jahre wie den grell-pinkfarbenen Plastikstühlen von Werner Panton – aber gerade *wegen* dieser gegensätzlichen Stilpräferenzen entsteht eine hinreißend dynamische Optik. »Während ich sehr an Symmetrie und Klassizismus interessiert bin, sucht er dazu den genauen Gegensatz«, erklärt Liza. »Für uns ist es wunderbar, mit Kontrasten zu arbeiten, der Fantasie freien Lauf und uns überraschen zu lassen. Anstatt alles absolut korrekt aufzustellen, kombinieren wir die Dinge lieber miteinander, wie z. B. die afrikanischen Skulpturen auf dem weißen 1970er-Jahre-Tisch von Zanotta.«

Und so passt Lizas Rokokotisch mit den goldverbrämten Seitenteilen und der Marmorplatte gut zu dem von Nicholas aus dünnen Messingplatten geformten Stuhl, wie auch ihr dekorativer westafrikanischer Hocker das sinnliche Gegenstück zur schlichten Linienführung seines weißen Sofas bildet. Im Schlafzimmer werden die als gewagter Blickfang gestalteten Wände, die Nicholas in breiten Horizontalstreifen farblich abgestuft hat, vom prächtigen Bettüberwurf aus Usbekistan (19. Jh.) abgemildert. »Durch die kräftigen Farben kann das Haus sehr sachlich wirken«, sagt Liza, »doch wird dieser Effekt durch die traditionellen Kunstobjekte abgefangen.«

Und Nicholas abschließend: »Wir haben sehr ähnliche Vorstellungen von den Dingen. Einzeln würden wir vielleicht verrückter dekorieren, aber so wird das Ganze ausbalanciert. Wo es nötig ist, kontrollieren wir uns gegenseitig – aber natürlich nicht zu sehr!«

Eine zauberhafte Villa an der Französischen Riviera

VORHERGEHENDE SEITEN
68 *Zwei wuchtige 1970er-Jahre-Drehsessel aus der Londoner Brick Lane begehren mit ihren leuchtend orange- und pinkfarbenen Samtbezügen gegen die vibrierenden Farben von Nicholas' großformatigem Farbfeldgemälde im Wohnzimmer auf. Nicholas wandte diese Technik bei verschiedenen Wänden im Haus an, auch im gemeinsamen Schlafzimmer.*

70–71 *Fuchsienrote Kunststoffsessel von Werner Panton gruppieren sich um den glasgedeckten Esstisch, den so genannten Touring Table von Gae Aulenti (links). Im Wohnzimmer eine geglückte Mischung aus modernem Mobiliar und traditionellen Artefakten (rechts).*

GEGENÜBER *Lizas Rokokotisch mit Marmorplatte scheint zunächst unvereinbar mit Nicholas' kühnem Chinoiserie-Stuhl aus Messing und den verspiegelten vertikalen Setzstufen des Treppenaufgangs – und doch bildet alles eine geglückte Einheit.*

LINKS *Die Reisen des Paars nach Jaipur inspirierten die Gestaltung der Außenbereiche; die Betonbänke im Neo-Mogul-Stil sind ein Entwurf von Nicholas.*
GEGENÜBER *Die verspiegelte Decke und der weiße Keramikboden sorgen in diesem Zimmer für viele Reflexionen.*

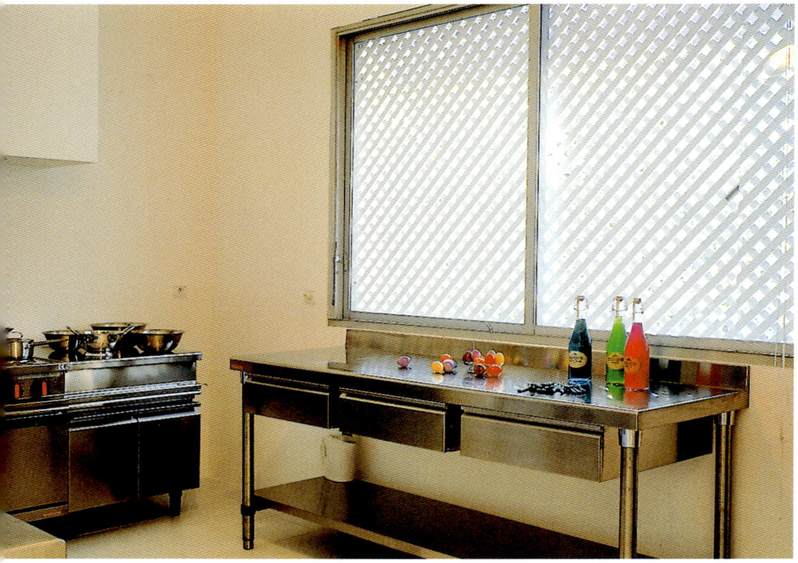

Harmonisch wohnen

• »Die Leute fürchten häufig die Meinung anderer so sehr, dass sie kein Risiko eingehen«, sagt Nicholas. »Wir haben das Motto: Riskiere alles, jeden Tag. Und wenn Zweifel auftauchen, steh dazu, denn der erste Eindruck ist meist der richtige.«

• Unterstützen Sie die Vision Ihrer Partnerin oder Ihres Partners. Solange Ihre Vorstellungen klar strukturiert sind, können Sie auch spontan sein. »Behindern Sie sich nicht gegenseitig«, sagt Liza, »ermutigen Sie einander, zu sich zu stehen!«

• Verwenden Sie Spiegel, wo immer es geht. Spiegel reflektieren das Licht und lassen die Zimmer größer erscheinen. Das Gefühl mehr Raum zu haben wirkt sich immer positiv auf das Zusammenleben zweier Menschen aus. »Ich bin ein großer Fan von Spiegeln«, sagt Nicholas. Überall im Haus hat er sie verwendet, auch an Wänden, Kleiderschränken und Treppenstufen.

LINKS *Strahlendes Licht: Die reichlich scheinende Sonne wärmt die Hightech-Küche mit ihrem Fensterschutz im marokkanischen Stil (oben) und setzt im Wohnzimmer metallbedingte Lichtakzente (unten).*
GEGENÜBER *Nicholas gestaltete viele Wände in sanften Lilatönen, was für das Schlafzimmer ideal ist.*

Colombe Pringle ist eine der stilvollsten Frauen der Welt. Als ehemalige Chefredakteurin der französischen *Vogue* war sie verantwortlich für so berühmte Ausgaben wie die Weihnachtseditionen, bei denen der Dalai Lama und Nelson Mandela Mitherausgeber waren. Heute ist Colombe Chefredakteurin der Zeitschrift *Maison Française*. Sie und ihr ebenso eleganter Gatte Jean Pierre Mahot de la Quérantonnais bewohnen eine fantastische Stadtresidenz (17. Jh.) am linken Seine-Ufer in Paris.

Für beide ist es bereits die zweite Ehe, was bedeutet, dass sie jeweils Dinge aus einem gereiften Leben mit in die Verbindung brachten – ein wegen der emotionalen Bindungen an die Stücke potenzieller Konfliktstoff. Es ist wirklich bemerkenswert, wie gut beide die Gegenstände aus ihrer Vergangenheit miteinander zu kombinieren wussten: große, robuste Stücke mit zarten, verspielten, alte Kunstwerke mit modernen Werken von Richard Serra und Georg Baselitz. Der Effekt ist wahrlich spektakulär und ergibt jene unschätzbar authentische Wohnatmosphäre, von der viele Innenarchitekten nur träumen können.

Wie haben sie das bewerkstelligt? »Als wir zusammenzogen«, erinnert sich Colombe, »sagte ich zu Jean Pierre: ›Bleib bloß weg, wenn unser Zeug hier ankommt.‹ Zuerst kamen seine Sachen und dann die meinen. Und ich war völlig deprimiert, weil nichts passte! Ich saß im Salon und redete zu all diesen Sesseln und Dingen. Dann sagte ich: ›So, jetzt hört einmal zu. Ihr müsst ganz einfach miteinander auskommen. Ich bin *sicher*, dass wir

Zwei Leben vereinen

Colombe Pringle & Jean Pierre Mahot

Eine Pariser Wohnung im altehrwürdigen Stil

VORHERGEHENDE SEITE
79 *Ein überwältigender Eingangsbereich: die geglückte Mischung der individuellen Stilrichtungen des Paars.*
GEGENÜBER *Jean Pierres Büro. Die Schreibtischplatte ist eine Arbeit von Colombes Großvater André Groult, dahinter hängt ein monumentaler Druck von Richard Serra.*
RECHTS *Der »Madame Irma«-Salon (oben); Blickfang in Jean Pierres Büro ist der großformatige Druck von Anselm Kiefer, ein Geschenk von Colombe an Jean Pierre anlässlich ihres zehnjährigen Hochzeitstages (unten).*

eine gemeinsame Verbindung zwischen euch herstellen können. Na, kommt schon, los geht's!‹ Und ich begann, alles durcheinander zu mischen.« Dieser ausgefallene Beginn war bereits eine Garantie dafür, dass das Ergebnis äußerst reizvoll werden würde. »Wir nennen den Salon den ›Madame Irma‹-Salon«, sagt Colombe, »denn er sieht aus, als würde hier eine Hellseherin wirken!«

Naturgemäß bestanden nicht alle Möbelstücke den Test. »Manche schieden aus, weil sie absolut nicht passten, doch die meisten eigneten sich«, sagt Colombe. Und das ist keine geringe Leistung angesichts des Umstands, dass der Geschmack des Paars von zwei sehr verschiedenen Epochen geprägt wird. »Jean Pierre ist ganz 18. Jahrhundert«, erklärt Colombe, »und er besaß viel mehr Geld als ich, sodass seine Sachen sehr hochwertig waren und aus sehr teuren Materialien bestanden – zum Beispiel die Sessel mit den Kelimbezügen. Ich dagegen begeistere mich mehr für das 19. und 20. Jahrhundert. Ich mag moderne Gemälde, und ich besitze viel von meinem Großvater André Groult, dem berühmten Möbeldesigner der 1920er Jahre.«

Eine sehr ausgeprägte Neigung haben Jean Pierre und Colombe gemeinsam – die Liebe zu Indien. Und diese erwies sich als das verbindende Element. »Ich mag es nicht, wenn die Dinge formell wirken«, sagt sie, »ich mag diesen totalen Perfektionismus nicht.« Doch während Colombe die Improvisation liebt, z. B. eine Ethnotextilie über einen Stuhl wirft oder ein Sofa mit einem Schonbezug aus glänzender, purpurfarbener Seide umhüllt, hatte Jean Pierre mit der Neigung zu kämpfen, bei jedem Umzug sein Wohnmobiliar überholen zu lassen. »Ich erneuerte alles: die Vorhänge, Polsterbezüge ..., selbst die Antiquitäten wurden neu bezogen, damit sie dem Wandmaterial entsprachen. Colombe arbeitete mit dem, was wir hatten.« Oder wie sie sagt: »Er machte es auf die vornehme Art, ich auf die künstlerische!«

VORHERGEHENDE SEITEN
82–83 *Das spektakuläre Esszimmer mit der betörenden »englisch-dekadenten« Ausstattung sowie der gemeinsam entworfene Leuchter mit den Kristalltropfen im Baccarat-Design.*
LINKS *Blick vom Wohnzimmer in das kleine Esszimmer; auf dem Tisch ein Teppich aus Bukhara, Iran.*
GEGENÜBER *An der schmeichelnd gelben Schlafzimmerwand die von Colombe arrangierten Bilder – ein Aquarell-Strauß von Jean Pierres Tante sowie Zeichnungen von Pasquin und Marie Laurencin.*

Harmonisch wohnen

- Widerstehen Sie bei einem Neubeginn dem Drang, alles Alte wegzugeben. Colombe: »Versuchen Sie nicht, Ihre alten Sachen loszuwerden, nur weil Sie Ihr altes Leben hinter sich lassen. Wenn Sie zum zweiten Mal heiraten, haben Sie ein paar Dinge über das Leben gelernt. Sie müssen nicht alles mögen, was der andere mag – aber Sie sollten das Vorleben Ihres Partners und seine Sachen akzeptieren.« Vielleicht lernt man aber auch, den Geschmack des Partners zu mögen.

- Geben Sie den Versuch einer Stilmischung nicht sofort auf, auch wenn es nicht gleich auf Anhieb funktioniert. »Schieben Sie Ihre Sachen mindestens sechs Monate herum, bis sie passen«, sagt Jean Pierre. »Geben Sie ihnen sechs Monate, bevor Sie aufgeben, und knausern Sie nicht mit der Zeit. Finden Sie eine Lösung!«

- Wählen Sie für die Wände eine neutrale Farbe aus, wenn Sie eine Menge farbenfroher Gegenstände miteinander kombinieren wollen, insbesondere wenn diese völlig unterschiedlicher Herkunft sind. Ein Beispiel hierfür ist das mit Weiß aufgehellte Wedgwood-Grau im »Madame Irma«-Salon.

- Gelb eignet sich vorzüglich für das Schlafzimmer. »Es ist ruhig«, sagt Colombe, »und es schmeichelt der Haut sehr, bei natürlichem wie bei künstlichem Licht.«

GEGENÜBER *Familienporträts an der Außenseite von Colombes in Pink gehaltenem Schminkzimmer (oben); eine Sammlung gerahmter privater Zeichnungen, Fotografien und Kindheitserinnerungen auf dem gemeinsam genutzten Schreibtisch (unten).*
RECHTS *Indische Stoffpracht und eine Schale mit Rosenblättern.*

Eine Heimstatt der Kunst

April Gornik & Eric Fischl

Die Künstler April Gornik und Eric Fischl haben in ihrer 25-jährigen Beziehung mehr als nur eine eindrucksvolle kreative Leistung vollbracht. Ihnen ist gelungen, was nur wenigen Künstlerpaaren in der Geschichte vergönnt ist: Sie haben einen Weg gefunden, miteinander zu leben und gleichzeitig ihre Arbeit, ihren Freiraum und ihr Bedürfnis nach künstlerischer Unabhängigkeit zu respektieren. In dieser ausgewogenen Verbindung von Talent beansprucht kein Partner Dominanz. Nirgendwo wird das deutlicher als in dem spektakulären Haus auf Long Island, das Eric mit seinem Freund, dem bekannten Architekten Lee Skolnick, entworfen hat. Mit diesem Domizil haben Eric und April ein starkes, dauerhaftes Symbol ihrer außergewöhnlichen Partnerschaft kreiert.

Ein inspirierender Ort, eine modernistische Fantasie aus Mahagoni, Beton, Stahl und Glas, die kunstvoll mediterrane, japanische und Arts-and-Crafts-Einflüsse vereint. Eric baute das erste Modell für das Haus sogar selbst. Am meisten beeindruckt uns jedoch das gigantische Doppelatelier. Wenn man sich zum

LEONARDO DA VINCI

TROPISM
PORTUGUESE GARDENS

ersten Mal dem Anwesen nähert, ist man von den beiden einzeln stehenden, aber durch einen überdachten, seitlich offenen Gang miteinander verbundenen Gebäuden hingerissen, die in lichtdurchflutetem Glas gehalten sind. Hier arbeiten April und Eric unabhängig voneinander und doch beieinander. Zur Planung sagt Eric: »Es gab gewisse Erfordernisse – natürlich zwei gleich große Ateliers. Die Abmessungen sind identisch, jedes hat etwa 170 Quadratmeter Grundfläche, aber die Raumaufteilung ist unterschiedlich, sodass mein Atelier kleiner wirkt als das Aprils. Sie benötigte ein von ihrer Malerei unabhängiges Zimmer für ihre Computerarbeiten. Und weil sie auch Gärtnerin ist, kreierten wir einen vor Wildtieren geschützten Gartenbereich, der vom Atelier aus einen schönen Anblick bietet.« Nach den Vorstellungen des Paares sollte das Haus sowohl symbolische Bedeutung haben als auch ihren Platzbedürfnissen entsprechen. »Das Haus sollte unsere Beziehung zueinander und zum Rest der Welt ausdrücken«, fügt Eric hinzu. »Wir haben unsere Arbeit hierher verlegt. Die Tatsache, dass Besucher die Ateliers als Erstes wahrnehmen, ist eine Metapher dafür. Je weiter man dann in das Anwesen hineingeht, desto privater und intimer wird es. Und im entferntesten Flügel des Hauses liegt unser gemeinsames Schlafzimmer.«

Eric hat dieses Schlafzimmer mit dem von ihm entworfenen geschwungenen Plateaubett unlängst in einer Bilder-Serie verewigt. Die Besucher der Mary Boone Gallery in New York kamen in den Genuss der diversen Darstellungen des Schlafzimmers, das sich einer exquisiten Besonderheit erfreut: einer angrenzenden, mit Jalousien völlig abgeschirmten Schlafveranda – der romantische Höhepunkt während der Sommermonate. April erklärt, man müsse ein wenig laufen, um zum Schlafzimmer zu gelangen: »Wenn ich zum Schlafzimmer hinaufsteige, denke ich immer an das Erklettern eines Baumhauses.« Und Eric fügt hinzu: »Das Haus ist geräumig, aber es wirkt intim – das ist eine sehr schöne Art, unsere Beziehung auszudrücken.« Die überall

Von Künstlern erbaut: das Atelier-Domizil in Sag Harbor, Long Island

VORHERGEHENDE SEITEN
89 *Das Wohnzimmer mit seinem grandiosen Fenster.*
90 *Erics Skulpturen und ein in den Boden eingelassener stiller Brunnen (sein Entwurf) im Eingangsbereich, der zu Aprils prächtiger Gartenanlage fließt.*
91 *Im Obergeschoss die verglaste Bibliothek.*
92–93 *Das Wohnzimmer: eine Galerie der Künstlerfreunde des Hauses.*
GEGENÜBER *Bei Besuchern wie Passanten erregen die beiden imposanten Atelierhäuser Neugier und Bewunderung.*
RECHTS *Die beiden gleich großen Ateliers mit jeweils persönlicher Note: das von Eric (oben) wirkt kleiner als das von April (unten), auch wenn dem tatsächlich nicht so ist.*

präsente eklektische Mischung von Einrichtungsgegenständen ist ein weiteres Zeichen ihres harmonischen Zusammenwirkens. »Wir haben nie einen Innenarchitekten benötigt«, sagt April. So kreativ wie der Entwurf des gesamten Hauses ist auch die Mischung aus schönen alten und neuen Einrichtungsgegenständen – darunter ein mit Seide bezogenes indisches Liegesofa, ein französischer Sessel aus den 1940er Jahren, Sofas im Franckschen Stil von Salon Moderne, Kabinettschränke aus Mahagoni, die von Erics ehemaligem Assistenten Tom Brokish entworfen wurden, eine Thai-Bank und eine amerikanische Bettcouch der Jahrhundertwende. Und zur Kunst an den Wänden sagt Eric: »Wir leben hauptsächlich mit der Arbeit anderer Menschen, da wir uns ja tagtäglich in unseren Ateliers aufhalten.« Ihre Sammlung umfasst die Arbeiten von Künstlerfreunden wie Cindy Sherman, Malcolm Morley, Susan Rothenberg, David Salle, Ralph Gibson, Bryan Hunt, Sally Gall und Erica Lennard.

Gewiss war die kreative Umsetzung dieses Traumhauses nicht einfach. Es bedurfte mehr als zweier Jahre Planung, vieler Gespräche und harter Arbeit. Nur eine einzige Differenz gab es, in einer wirklich banalen Angelegenheit: der Standort des Fernsehers. »Ich wollte ihn in der Küche haben«, sagt Eric, »weil wir immer vor dem Fernseher zu Abend essen, außer wenn Gäste da sind.« April dagegen fand die Idee »unfein« und setzte sich durch. »Wir nehmen also jetzt unsere Mahlzeit ein und gehen dann den ganzen Weg zum Ende des Hauses ins Fernsehzimmer, unter dem Schlafzimmer!«, sagt Eric lachend.

»Ein Hausbau ist zweifellos auch ein beziehungsmäßiger Lernprozess«, sagt April. »Da entsteht eine Situation, die viele Diskussionen, Entscheidungen, viel ästhetisches Gespür und finanzielle Disziplin fordert. Für uns war das eine außergewöhnliche Erfahrung, die wir noch nie zuvor gemacht hatten.«

Harmonisch wohnen

• Eric und April haben erfahren, dass der Bau eines Traumhauses eine komplexe psychologische Angelegenheit ist. »Es bedarf dazu eines dominanten und eines nachgiebigen Charakters«, sagt Eric. Letzterer sollte aber wissen, dass die dominante Hälfte, wenn sie um Anleitung und Rat bittet, nur grünes Licht und ein Lächeln will. »Ich wollte April immer wieder in jede Entscheidung mit einbeziehen«, sagt Eric, »weil ich ihre Zustimmung brauchte.« Dazu April: »Ich erhielt eine doppelte Botschaft. Er wollte mich nicht wirklich einbeziehen!« »Das stimmt«, sagt Eric. »Mein Rat an alle jungen Hausbauer: Wer auch immer die Sache anleitet, will keine Änderungsvorschläge, sondern nur dass es heißt: O.k.! Toll! Weiter so!«

• »Getrennte Waschbecken sind Luxus«, betont Eric, »aber getrennte Badezimmer sind frivol.« Ihr gemeinsam genutztes Badezimmer besitzt zwei Gussbeton-Waschbecken, denn, so erklärt April, »es geht darum, dass du deine Zähne putzen kannst, wann du willst.«

• »Ein Hausbau ist eine prägende Erfahrung«, sagt Eric, »viel mehr als eine Renovierung, weil es ein so gewaltiges Projekt ist. Es ist der konkret nach außen getragene Ausdruck der eigenen inneren Dynamik. Es ist der Versuch, zu zweit etwas gemeinsam besitzen zu wollen. Eine Erfahrung, die alle Paare machen sollten.«

VORHERGEHENDE SEITEN
96–97 *Das gemeinsame Schlafzimmer ist Thema neuerer Gemälde von Eric. Das Bett ist sein Entwurf, während die Decke eine Gemeinschaftsarbeit von April und Denis Colomb ist. Die mit Jalousien versehene Tür führt zur Schlafveranda.*
LINKS *Das Haupthaus (Entwurf von Eric und seinem Architektenfreund Lee Skolnick) ist eine Fantasie aus Mahagoni, Beton, Stahl und Glas (oben). Der absolute Romantik-Hit: die mit Jalousien völlig abgeschirmte Schlafveranda (unten).*
GEGENÜBER *Das bestens ventilierte Wohnzimmer lässt die Landluft genießen – auch wenn Eric sich eine Zigarre anzündet.*

Wer schon einmal ein Blumenbouquet von Zezé Flowers in New York erhalten hat, weiß, dass ein kunstvolles Blumenarrangement die Essenz aller Romantik ist. Wie groß oder klein es auch sein mag, wenn es der brasilianische Blumendesigner zusammengestellt hat, ist Liebe in der Vase. Was muss es dann erst bedeuten, täglich in einem Zezé-Arrangement zu leben. Für Zezé und seine Frau Peggy ist das Alltag bei der gemeinsamen Arbeit. Beide führen sein Geschäft und bewohnen eine wunderschöne Stadtresidenz mit einem prächtigen Garten mitten in Manhattan. Hier ist kein besonderer Anlass vonnöten, um den Zauber der Blumen zu beschwören – hier liegt Romantik in der Luft, innen wie außen, sieben Tage in der Woche.

Blumen sind in diesem Wohnambiente allgegenwärtig, seien es nun in Töpfen und Holzkästen wachsende Frischpflanzen, wie Tulpen, Orchideen und Amaryllen, oder die ebenso farbenfrohen Blumendrucke im Goldrahmen oder die schwarzweißen Blumenfotografien. Ganz zu schweigen von den floralen Lampen, Vasen, Leuchtern und Lüstern. Blumenmuster tauchen auf Teppichen und Tapeten auf, auf bestickten Stoffen und Damast, mit denen viele Sessel bezogen sind – und selbst auf dem Stapel runder Schachteln, die Peggys Sammlung erlesener Hüte beherbergen. Geliebte Neuerwerbung ist ein allegorisches Gemälde aus dem 19. Jahrhundert, das Mutter Erde mit Veilchen in der Hand zeigt. Peggy deutet auf einen mit stattlichen Bildbänden gefüllten Bücherschrank und schätzt,

Romantik in voller Blüte

Peggy & Zezé

»dass etwa 99 Prozent dieser Bücher über Blumen sind«. Dazu gesellt sich eine Fülle naturinspirierter Details, wie bezaubernde Bronzevögel, ein riesiger hölzerner Pfau (einstmals Zierde eines Paradewagens), Kaminböcke in der Form weiser alter Eulen und Lampen mit Insektenbildern. Das Domizil ist Ausdruck eines universellen Naturverständnisses, wie man es – seit der Jugendstil die Welt der dekorativen Künste vor hundert Jahren im Sturm genommen hat – nicht mehr erlebt hat. Immer aber liegt der Schwerpunkt auf Blumen, sei es der silberne Kerzenleuchter in Form verschlungener Schwertlilien oder der gerade aufgeblühte Frauenschuh. »Blumen schenken so viel Energie und bereichern das Leben so sehr«, sagt Zezé. Und wie es zu Leuten passt, die sich mit Blumen umgeben, liebt das Paar Vasen. Darunter ein Porzellan-Eiskühler aus dem 18. Jahrhundert, die berühmte Wellen-Vase von Alvar Aalto und ein leuchtend gelbes und orangefarbenes Gefäß, das Werk eines modernen brasilianischen Glaskünstlers. Und keine dieser Vasen ist leer. »Als wir uns kennen lernten, habe ich ihr kiloweise Blumen geschickt«, sagt Zezé. »Damit können Sie ganz bestimmt Herzen erobern«, fügt Peggy hinzu. »Heute«, sagt Zezé, »haben wir das große Glück, dass wir immer von Blumen umgeben sind, zu Hause und bei der Arbeit.«

Eine prachtvolle Stadtresidenz in Chelsea, New York City

VORHERGEHENDE SEITE
101 *Keine Ecke des Hauses, in der sich nicht Blumen fänden. Hier eine erfrischende Variante des traditionellen Wintergartens.*
LINKS *Die bemalte Wandtäfelung und die Freskomalerei im Esszimmer gaben den Ausschlag zum Kauf des Hauses.*

NÄCHSTE SEITEN
104 *Der rote italienische Bettüberwurf im gemeinsamen Schlafzimmer beschwört die Farbe der Lieblingsorchidee (Paphiopedilum) des Paars.*
105 *Peggys Vorliebe für erlesene Accessoires zeigt sich besonders im Ankleidezimmer – Hutschachteln, Handtaschen und die Koffer aus Krokodilleder.*

Harmonisch wohnen

- Ob professionelles Arrangement oder einzelner Blütenstengel, Blumen bringen eine romantische Note in jedes Haus. Und sie passen zu jeder Art von Dekor. Wer liebte nicht Blumen – und welch bessere Möglichkeit gäbe es, die Liebe zu feiern, die einen zusammengebracht hat!

- Wenn Ihnen und Ihrem Partner Chintz oder üppig Gemustertes nicht liegen, können Sie sich auch auf andere Weise die entspannende und romantische Note von Blumen ins Haus holen: Ornamental beschnittene Bäume und Sträucher sind leichter zu pflegen als Schnittblumen; schöne Duftmischungen verströmen ein wunderbares, lange anhaltendes Aroma; feine Duftkerzen wirken direkt stimmungsbelebend. Ein Hinweis: Wählen Sie Duftnoten, die Ihnen beiden gefallen. Rosenduft z. B. kann ein wenig zu feminin wirken; versuchen Sie es stattdessen mit etwas Exotischem wie Ambra.

- Ein Floristenauge fürs Detail kann selbst dem profansten Aspekt des Wohninterieurs einen besonderen Akzent verleihen. Bei Zezé und Peggy sind die Scheite im Kamin aus wunderschönem weißen Birkenholz.

LINKS UND GEGENÜBER
Vom Kaminbereich bis zum Wohnzimmer umgibt sich das Paar überall im Haus mit Dingen, für die es gemeinsam schwärmt.

Der Glanz der Boheme

Michele Lamy & Rick Owens

Michele Lamy und Rick Owens sind beide aus dem gleichen Stoff. Michele, die umwerfend elegante, ehemalige Modedesignerin führt heute in Los Angeles das Restaurant Les Deux Cafés, ein beliebter Treff vieler Hollywood-Berühmtheiten. Rick, der junge, viel diskutierte Modedesigner, ist für seine kantig-extravaganten Entwürfe bekannt. Entwürfe, die, wie er sagt, »eine Fortsetzung der Art sind, wie ich Michele betrachte. Sie besitzt diese wirklich erstaunliche Ausgewogenheit zwischen Eleganz und primitivem Instinkt. Das hat mich schon immer fasziniert, sodass meine Kreationen genauso stilvolle und zugleich wilde Mischungen sind.« Kein Wunder also, wenn Michele stolz erklärt: »Ich trage nur Ricks Kleider.« Beim Entwerfen hatte er nur sie im Sinn – und sie stehen ihr wunderbar.

So einzigartig wie sie selbst ist auch ihr gemeinsam entworfenes Zuhause: ein Zusammenschluss von drei alten Ladenfronten, direkt gegenüber von Les Deux Cafés (eine davon war früher als The Baroque Bookstore bekannt und gehörte einem Freund Charles Bukowskis, der wegen seiner kommunistischen

Tendenzen den Spitznamen »Red« trug). Ein einzigartiges Lebens- und Arbeitsarrangement, das Rick auch als Atelier dient, wie an den zahlreichen Kleiderkollektionen zu ersehen ist, die an Industriekleiderstangen hängen oder um Schneiderpuppen drapiert sind. Zugleich handelt es sich aber um eine Art künstlerischer Raum-Installation, wozu auch die abblätternden Wände und die Betonböden gehören, die das Paar bewusst unverändert ließ.

Da Micheles Restaurant gleich gegenüber liegt, belastete sich das Paar gar nicht erst mit einer Küche oder einem offiziellen Essbereich. »Wenn wir eine Party feiern«, sagt Michele, »dann tun wir das im Restaurant.« Und Rick fügt hinzu: »Les Deux Cafés ist sozusagen unser Esszimmer. Wir essen nicht zu Hause, wozu auch, wir haben das tollste Restaurant gleich auf der anderen Straßenseite.« Tatsächlich dient der »Essbereich« als »Färbebereich«, wo Rick mit seinen berühmten selbst gefärbten Stoffen experimentiert. Als Trinkgläser dienen übrigens ausgebrannte gläserne Kerzenbehälter. Ein solch ungewöhnlicher Lebensstil ist nicht jedermanns Sache, aber Michele und Rick wissen genau, was sie mögen und was sie brauchen. »Wir wollen uns einfach nicht mit Geschirr abgeben«, sagt er. »Wir haben nicht einmal eine Mikrowelle. Wenn meine Eltern zu Besuch kommen, sagen sie: ›Wo habt ihr die Papierhandtücher?‹ Aber ich kann mir nicht vorstellen, dass etwas so Prosaisches wie Papierhandtücher hier herumliegt!«

Noch origineller geht es im Schlafzimmer zu, das Rick mit Schall schluckendem, dunklem Filz ausgekleidet hat, eine Hommage an den Konzept-Künstler Joseph Beuys und den Schriftsteller Marcel Proust (»Nennen Sie es ruhig anmaßend!«, sagt er lachend). Am Kopfende des Bettes eingelassene Halogenleuchten sind für nächtliche Lektüren bestimmt, und die angesammelten Bücher und Zeitschriften liegen wahllos verstreut auf den Brettern eines hohen, sich wölbenden Regals, das ebenfalls einen Fernseher beherbergt. Das Zimmer hat eine erstaunliche Ausstrahlung von Privatheit und Abgeschiedenheit. »Wie ein Bunker«, erklärt Michele. »Das ist wichtig für uns, denn jeder andere Bereiche ist völlig offen einsehbar.« Und Rick: »Der gesamte Raum ist eine sehr persönliche Mischung, eine Fortsetzung der Art und Weise, wie ich Michele betrachte. Alles, was wir tun, ist eine Kombination aus uns beiden. Michele ist sehr instinkthaft und impulsiv, ich dagegen bin eher ruhig und systematisch. Ich reduziere die Dinge gern auf ihre Basis, während Michele sehr poetisch und theatralisch ist. Mich an eine Person zu binden, die meine praktische Seite ergänzt, war wohl mit das Beste, was ich je in meinem Leben getan habe! Die Gestaltung des Ateliers ist eine Mischung aus ihrer Theatralik und meinem Bedürfnis, alles minimalistisch zu halten.«

»Zuerst dachte ich, es wäre nur etwas Vorübergehendes«, sagt Michele, »als ich das Restaurant aufbaute und Rick sein Unternehmen. Aber jetzt werden wir nie mehr umziehen: Das ist unser Zuhause. So zu leben, entspricht unserer Art. Zuvor lebten wir viel in Hotels und einige Jahre im Chateau Marmont [dem für sein mondänes Gammel-Flair bekannten Gasthof in Los Angeles]. Wir möchten unser Leben nicht in Arbeit und Privates aufteilen; wir lieben es, wenn alles im Fluss ist.«

»Ich glaube, wir haben richtig Glück«, sagt Rick. »Wir haben einen wirklich idyllischen Lebensstil – so als würden wir in einer Scheune oder in einer Höhle leben. Ich nenne es übrigens unsere Höhle, denn so etwas ist es doch: primitiv und grau. Ich produziere meine Kleider in Italien und führe sie in Paris oder New York vor, ich pendele also viel zwischen hier und Europa hin und her, wo ich in eleganten Hotels mit Kronleuchtern aus Muranoglas und Blumendamast wohne. Michele und ich telefonieren jeden Abend, und sie sagt dann: ›Du wirst wahrscheinlich gar nicht mehr in unsere Höhle zurückkommen wollen, denn du lebst in Samt und Seide!‹ Und ich sage dann: ›Machst du Witze?‹ Ich komme doch gerade *deswegen* zurück; ich liebe diesen Kontrast, ziehe aber eindeutig die Schlichtheit unseres Zuhauses vor.«

2598

Drei Ladenfronten ergeben ein einzigartiges Wohnarrangement in Los Angeles

VORHERGEHENDE SEITEN

108 *Um eine Schneiderpuppe drapiert, einer von Ricks neuesten Modeentwürfen. Im Hintergrund ein Blick auf das Atelier.*

110 *Der Wohnbereich mündet in einen kleinen zugewachsenen Gartenweg – ein starker Kontrast zu den mit Kaschmirwolle bezogenen Sesseln und dem Sofa.*

112–113 *Im Ankleideraum hängt das von Rick gemalte überlebensgroße Porträt von Michele und einer Freundin. Hier kann sie aus seinen Entwürfen, die auf Industriekleiderständern hängen, auswählen und sich ankleiden (links und rechts).*

LINKS *Der mit dunklem Kaschmirfilz ausgeschlagene Schlafraum.*

Harmonisch wohnen

- Wenn Sie künstlerisch veranlagt sind, können Sie Ihrer oder Ihrem Liebsten ein romantisches Denkmal setzen. In Micheles Ankleideraum hängt ein riesiges Gemälde von Rick (nach einem alten Foto von Michele). »Ein wirklich fantastisches Foto«, sagt er, »also übertrug ich es für ihren Geburtstag auf Großformat.«

- Falls Sie gewissen Aktivitäten (z. B. Kochen) zu Hause nicht nachgehen möchten, dann nehmen Sie auch keine entsprechenden Installationen von Geräten vor, die Sie eh niemals benutzen, nur weil die Konvention es vorschreibt.

- Ein avantgardistischer Lebensstil bringt oft praktische Fallen mit sich. Nehmen Sie es gelassen hin und denken Sie an das Positive. »Die Leute sind immer überrascht, dass wir es zwei Jahre ohne warmes Wasser aushielten«, erklärt Rick. »Meist spritzten wir uns auf dem rückwärtigen, zugewachsenen Gartenweg mit dem Schlauch ab, und im Winter duschten wir in der Turnhalle.«

LINKS *Michele überraschte Rick zum Geburtstag mit einem ausgestopften Affen (oben). Auf der anderen Straßenseite ist Micheles Restaurant Les Deux Cafés, wo die beiden speisen (unten).*
GEGENÜBER *Der Ess- und Färbetisch, wo Rick mit Stoffen und Farben experimentiert. Die gläsernen Kerzenbehälter dienen, wenn sie ausgebrannt sind, als Trinkgläser.*

Das Ehepaar Angle führt ein Event- und Innendesign-Unternehmen in Los Angeles, das Aqua Vitae heißt. Sprühender als Alexandra und Eliot Angle kann man sich ein junges Paar kaum vorstellen. Alexandra: »Wir haben einen ähnlichen Stil – wir hängen an Familiendingen, wir sind aber auch an neuem Design interessiert. Und wir schätzen das Humorvolle an den Dingen.« Diese drei Facetten zeigen sich auch in ihrem gesamten Haus, das in den 1940er Jahren erbaut wurde und von den beiden vor kurzem renoviert und umgestaltet wurde. Hier leben und arbeiten sie jetzt.

»Wir verliebten uns beide auf Anhieb in das Haus«, sagt Alexandra. »Es hat eine sehr gute tragende Baukonstruktion, und wir mögen seinen Standort. Wir haben einen Panoramablick über die Hollywood Hills, die San Gabriel Mountains und die Innenstadt von Los Angeles!«

Vor ihrem Zusammentreffen führten sie sehr unterschiedliche Leben. »Ich war dauernd auf Reisen«, sagt Alexandra. »Ich bin versessen darauf, immer unterwegs zu sein, und das hat ganz offensichtlich meinen Möbelstil geprägt. In Japan hatte ich japanisches Mobiliar, im alten Stadthaus in Portland,

Überschäumendes L.A.

Alexandra & Eliot Angle

Maine, hatte ich alte viktorianische Dinge um mich.« Dann traf sie auf Eliot, der eine große Sammlung von Familienerbstücken besitzt: Tische, Sessel, viele alte Bücher und Silberzeug. Das förderte Alexandras Sinn für Erbstücke und deren Wertschätzung. Die alte Vitrine aus dem Keller der Großmutter z. B., die jetzt das Esszimmer des Paars ziert oder das imposante Portät von Alexandras Ururgroßtante Lydie, das über dem Kamin im Wohnzimmer thront.

Passend für ein Paar, das seinen Lebensunterhalt mit dem Ausrichten unvergesslicher Cocktailpartys verdient, prunkt die Wohnung der Angles mit einer herrlichen Bar, die neben ererbtem Glasgeschirr auch eine Sammlung alter erlesener Shaker, Siebe und Karaffen beherbergt, die die beiden zusammengetragen haben.

»Zu Beginn unseres Zusammenlebens«, erklärt Alexandra, »gingen wir erst einmal daran, unser altes Familienerbe zu restaurieren. Die Frage war: Wie können wir solche Stücke in einem modernen Umfeld verwenden? Wir besaßen eine Menge wunderschöner Sachen, die viel Aufmerksamkeit brauchten.« Beispielsweise der französische Mahagoni-Tisch aus dem 18. Jahrhundert, den sie im Hühnerstall von Alexandras Onkel fanden. »Er war in schlechtem Zustand«, sagt sie. Jetzt nimmt er, wunderschön renoviert, einen Ehrenplatz im Arbeitszimmer ein (das auch das Sonnenzimmer des Hauses ist).

»Unser beider Familien stammen aus New England«, sagt Eliot, »und dort gibt es all diese Dachböden, die wir plündern durften, vor allem bei älteren Verwandten, die all das Zeug nicht mehr haben wollen. Es war ein richtiges Privileg, unseren eigenen kleinen – aber feinen – Trödelmarkt zu haben. Ich glaube, das hat unseren Stil sehr beeinflusst. Wenn man sein Familienerbe mit einbezieht, bringt das einen sehr romantischen Akzent in die Gestaltung.«

Alexandra und Eliot schicken nicht nur ihre Erbstücke zum Möbelrestaurator, sie arbeiten auch regelmäßig zusammen an Do-it-yourself-Projekten (sie entwirft, er führt aus), die sicher die Erbstücke für künftige Generationen sein werden. Ohne die Ermutigung seiner Frau, so gesteht Eliot, hätte er sein Talent zum Tischlern nie entdeckt. »Ich bin vielleicht kein Meistertischler«, sagt er bescheiden, »aber in mir keimte der Wunsch, wegen unseres gemeinsamen Interesses am Design, etwas zu bauen, was sie sehr gefördert hat.«

Zu Eliots Kreationen gehören die gewinkelten Terrassen im »modernen Japanstil« im Garten und das *Queensize*-Bett im gemeinsamen Schlafzimmer. »Es ist ziemlich grob gebaut«, sagt er über das Bett, »aber wir wollten eine sehr starre, fast asiatische Atmosphäre erzeugen. Also fertigte ich es aus gut fünf Zentimeter dicken Holzbalken, die ich grau anstrich. Das war ein schönes Stück Arbeit, ungefähr eine Woche habe ich daran herumgebastelt«, fügt er hinzu. »Da waren einige Fahrten zum Baumarkt fällig, und noch ein paar mehr, wenn es wieder mal nicht funktionierte. Aber es hat wirklich Spaß gemacht.«

Gegenüber dem Bett steht ein für ein Schlafzimmer eher ungewöhnliches Element: eine Badewanne von Kohler, die groß genug für zwei Personen ist. »Das war meine Idee«, sagt Alexandra, »ich bade sehr gern. Ich wollte schon immer eine Badewanne im Schlafzimmer, weil mir das so unglaublich romantisch erscheint.« Obwohl Eliot eher der Typ fürs Duschen ist, war er mit der Idee einverstanden. Jetzt badet das Paar tatsächlich zweimal in der Woche gemeinsam.

Ein renoviertes Haus in Los Angeles

VORHERGEHENDE SEITE
119 *Das imposante Porträt von Alexandras Ururgroßtante Lydie – der Blickfang im Wohnzimmer.*

RECHTS *Das wundervolle Tischarrangement eines Paares, das aus der Gastlichkeit eine Kunst und ein Geschäft macht.*

Harmonisch wohnen

• Wenn ein Partner einem Gestaltungswunsch des anderen entgegenkommt, dann ist es schön, wenn das erwidert wird. Eliot akzeptierte Alexandras Schlafzimmer-Badewanne, und sie kam ihm im gemeinsamen Badezimmer entgegen: ein großer, mit dunkelgrauem Schiefer gefliester offener Duschbereich – eine Reverenz an die vorherrschende Farbe in New York, Eliots geliebter Heimatstadt. Das Paar versteht etwas von Badekultur: Ein langes Fenster im Duschbereich gibt einen spektakulären Ausblick auf die Landschaft frei. »Es ist fantastisch, unter der Dusche zu stehen und auf die Berge zu sehen«, sagt Eliot. »Es ist zwar etwas gewagt, aber das Anwesen ist so gelegen, dass von den anderen Häusern niemand wirklich reinsehen kann!«

• Zwei Waschbecken in einem gemeinsamen Badezimmer können Harmonie stiftend sein; und immer mehr Paare gehen dazu über. »Es ist schön, ein eigenes Becken zu haben«, sagt Alexandra, »auf diese Weise tritt man sich nicht gegenseitig auf die Füße.«

• Wenn Sie nicht genügend Keller- oder Speicherraum besitzen, mieten Sie doch einfach einen Lagerraum an. Der Vorteil ist, dass Sie den Wohnbereich von Durcheinander frei halten (häufige Konfliktursache zwischen Paaren), aber die fraglichen Dinge nicht voreilig weggeben müssen, was Sie vielleicht später bereuen. Derzeit lagern Alexandra und Eliot diverses Familienmobiliar und mehrere Dinge, die momentan nicht in ihre Wohnlandschaft passen. »Ich bin sicher, dass sie woanders ihren Platz finden werden«, sagt Alexandra.

VORHERGEHENDE SEITEN
122–123 *Zwei Ausblicke auf die großartige Landschaftskulisse. Der Bauernhaus-Esszimmertisch aus ihrem vorherigen Haus in Maine fand erneut Verwendung.*

LINKS *Die Bar mit zwei Karaffen und Gläsern (oben). Badezimmerkultur: Separate Waschbecken bieten Annehmlichkeiten (unten).*
GEGENÜBER *Eine Badewanne im Schlafzimmer (Alexandras Idee) ist purer Luxus.*

Tim Street-Porter und Annie Kelly faszinierten uns schon, bevor wir sie kennen lernten, denn wir haben etwas sehr Grundlegendes gemein: Genau wie wir, sind auch sie ein Fotografen-Innenarchitekten-Duo und solche Vielflieger, dass sie – das kann man wohl behaupten – ein noch größeres Nomadenleben führen als wir! Tim hat nicht nur einige der schönsten Domizile der Welt für Wohnzeitschriften und Bücher fotografiert, sondern er ist auch ausgebildeter Architekt. Kein Wunder also, dass die von ihm und seiner Frau gestalteten Häuser immer eine hinreißende Optik haben: äußerst bildwirksame Tableaux von wundervoll arrangierten Gegenständen, Auktionshausobjekten, Reisesouvenirs und Familienandenken.

Bestes Beispiel ist die Villa Vallombrosa, ihre derzeitige Residenz – ein historisches Wahrzeichen im mediterranen Stil, das bereits früher vielen bekannten Persönlichkeiten als Domizil diente, wie der Schauspielerin Janet Gaynor, dem Fotografen Baron De Meyer und dem Komponisten Leonard Bernstein. Tim und Annie interessierten sich eigentlich für ein Haus aus den 1950er Jahren, aber es verschlug ihnen den Atem, als sie diese architektonische Kostbarkeit aus den 1920er Jahren entdeckten. »Tim und ich sprachen nicht einmal darüber, ob wir dieses Haus kaufen wollten – so klar war es«, erinnert sich Annie. »Wir wussten es sofort, als wir hineingingen. Es war eine gleichzeitige Offenbarung!«

Ein Haus mit Vergangenheit

Annie Kelly & Tim Street-Porter

Villa
Vallombrosa
2074

Dieses Haus hat es geschafft, das extrem mobile Paar fest zu verwurzeln (jedenfalls beinahe). »Es hat uns wahrscheinlich in Los Angeles gehalten«, bemerkt Tim. »Eigentlich wollten wir immer gern in Paris oder in New York oder in Mexiko leben«. Und Annie fügt hinzu: »Das Haus ist so außergewöhnlich und so attraktiv. Ich glaube nicht, dass ein gewöhnlicheres Haus uns so lange hier gehalten hätte.«

Nun könnte man glauben, dass zwei der Ästhetik derart verpflichtete und eigenwillige Menschen einziehen und sofort alles nach ihrem Geschmack umgestalten würden. Aber nichts dergleichen. Viele Details, die sie zu Beginn entdeckten, existieren noch, z. B. die orangerote Wandfarbe im Wohnzimmer und die Silberdamasttapete im gemeinsamen Schlafzimmer. Die Entscheidung erfolgte bewusst, um das ursprüngliche Flair des Hauses zu bewahren. »Wir haben vieles nicht verändert, weil die Leute, die die Hauptrenovierung durchgeführt haben, den Geist des Hauses recht gut bewahrt hatten«, sagt Annie. »Einige Änderungen hat es gegeben, zum Beispiel wurden da und dort einige gemalte Friese hinzugefügt und andere entfernt; ein Gästeschlafzimmer wurde neu gestrichen. Gar nicht schlecht nach zwölf Jahren!«

Die Eheleute sind sich im Wesentlichen über die Ausstattung ihres architektonischen Kleinods einig. Oder wie Tim sagt: »Ein Haus sollte seinem Stil entsprechend eingerichtet werden – das Innere muss dem Äußeren entsprechen.« Dank ihrer Liebe zum Detail entspricht das Interieur perfekt dem Architekturstil des Hauses.

Interessant ist, dass sie das aus den 1920er Jahren stammende Haus vorwiegend im Stil des 18. Jahrhunderts ausgestattet haben. Sie sind der Meinung, dass dem Architekten eine klassische italienische Villa vorgeschwebt hatte. »Mobiliar aus dem 18. Jahrhundert ist hier wirklich angebracht«, erklärt Annie. »Alles, was älter ist, wirkt zu schwer, und alles, was neuer ist, entspricht nicht dem architektonischen Anliegen des Hauses.«

Welche Vorstellungen setzen sich durch, wenn zwei Kreative am Werk sind? »Als Innenarchitektin bin ich aktiv und gehe viel auf Auktionen, sodass eher ich die Stücke für das Haus finde«, sagt Annie. »Ich hatte das Glück, dass das meiste davon auch Tim wirklich mochte. Wenn ich etwas mitbringe, entscheiden wir gemeinsam, wo es hinkommt. Schließlich muss man auch bedenken, dass, wenn der eine mit Innenarchitektur oder Architektur oder überhaupt mit Gestaltung befasst ist, der andere dann die Zügel etwas lockern und die Führung abgeben sollte. Für Innenarchitekten ist es sehr wichtig, im eigenen Haus zu üben, denn in dem ihrer Kunden können sie dies nicht!«

Ein architektonisches Kleinod in den Hügeln von Hollywood

VORHERGEHENDE SEITEN
126 *Blühende Liebe: Zwei portugiesische Kerzenständer (18. Jh.) flankieren ein Arrangement von Objekten und ein Bouquet frischer Blumen. Dahinter eine mit Stickereien verzierte Tapisserie (19. Jh.), die von der sechs Meter hohen Decke in der Villa Vallombrosa herabhängt – der Residenz (1920er Jahre) von Annie und Tim.*
128–129 *Zwei Ansichten des venezianischen Innenhofs mit dem romantischen Balkon à la Romeo und Julia, ein Entwurf von Nathan Coleman.*
130–131 *Mit französischem Mobiliar (18. und 19. Jh.) ausgestattetes Wohnzimmer. Um das bodenlange Vorderfenster sind zwei indische Hochzeitssaris drapiert.*
GEGENÜBER *An der übernommenen intensiv orangeroten Wand hängt ein Porträt aus dem 16. Jahrhundert direkt über einem Napoleon-III-Sofa.*
RECHTS *Private Räume: Eine Ecke des Wohnzimmers (oben), vom mittleren Innenhof aus aufgenommen, sowie ein Essbereich vor dem sonnendurchfluteten Wohnzimmer (unten), das hauptsächlich im Winter genutzt wird.*

Harmonisch wohnen

• Wenn Sie ein architektonisches Kleinod kaufen, dann müssen Sie nicht gleich allem Ihren eigenen Stempel aufdrücken. Möglicherweise haben Ihre Vorgänger einige übernehmenswerte Ideen eingebracht! Sie könnten Glück haben.

• Seien Sie nicht *zu* pedantisch, wenn Sie versuchen, zum speziellen Stil des Hauses den passenden Look zu schaffen. Annie erinnert sich an den Kauf einer Reproduktion von Empirestühlen aus den 1920er Jahren, die sich Zuhause als »nicht die Richtigen erwiesen – auch wenn die Stühle aus derselben Zeit stammten wie das Haus«. Es geht um die Gestaltung der Atmosphäre und nicht um eine Ansammlung von Dingen aus einer ganz bestimmten Stilepoche.

• »Alle Beteiligten müssen das Gefühl haben, in das Haus zu gehören«, sagt Annie. Sorgen Sie auch für jeweilige Rückzugsmöglichkeiten, für »etwas, das speziell Ihnen gehört, und sei es nur ein komfortabler Kaminsessel, in den Sie sich am Abend zurückziehen«.

• Versuchen Sie, möglichst wenig Zeit vor dem Fernseher zu verbringen. »Meiner Meinung nach beschneidet das Fernsehen die Zeit für das Essen, miteinander Reden und Lesen«, sagt Tim.

LINKS *Im Schlafzimmer die geschätzten Familien- und Haustierfotos (oben). Die Bibliothek wartet mit einer großen Sammlung wissenschaftlicher Bände auf, die Tim beim Verfassen seiner eigenen Bücher zu Rate zieht, darunter auch* Casa Mexicana *(unten).*

GEGENÜBER *Selten verlässt Popsie, die Katze, das gemeinsame Schlafzimmer, das einschließlich der Damasttapete im alten Stil erhalten geblieben ist.*

Eine architektonisch unbedeutende Wohnung in ein behagliches Refugium zu verwandeln, ist für viele Stadtpaare eine Herausforderung. Jenna Lyons und Vincent Mazeau wollten ihren langweiligen, L-förmigen Loftkasten in Manhattan unbedingt gemütlich gestalten. Herausgekommen ist ein ebenso gelungenes wie einladendes Wohnambiente.

Design bedeutet diesem kreativen Paar sehr viel. Jenna ist Modedesignerin, und Vincent ist Künstler und Teilhaber an der Agentur Big Room, einem Designer-Kollektiv, das Szenenaufbauten für das Werbefernsehen, Musikvideos und Modefotografien entwickelt. Ihr erstes Date verbrachten sie mit dem Entwurf eines Tisches auf Rädern, den sie später gemeinsam bauten. Verblüffende Details setzen in der Wohnung besondere Akzente, wie die eigenartig-schöne »Weinglas-Türklingel« von Droog Design, der starke Elektromagnet, der die Badezimmertür verschließt oder das elegante sandfarbene Sofa von Moss, dem Haus für ultramodernes Mobiliar in Manhattan.

Beim Ausgießen des Betonbodens (ein in Loftkreisen übliches Verfahren) verfolgten sie unnachgiebig ihre Vorstellung von einem perfekten Boden und schickten die beauftragte Firma in eine Kunstgalerie, damit sie deren Betonboden zum Vorbild nehme. Die Anregung zur außergewöhnlichen sandgestrahlten Glaswand im Badezimmer erhielt Vincent in der Helmut Lang Boutique in Manhattan.

Loftleben mit Liebe

Jenna Lyons & Vincent Mazeau

DELAUNAY!
Vintage STYLE

All das modische Zubehör könnte die Wohnung unterkühlt wirken lassen, aber stattdessen ist sie absolut behaglich. Dafür sorgen Details wie der 100 Jahre alte Holzesstisch aus Frankreich, die aus Mexiko mitgebrachte Hängematte, ein Bakshaishteppich aus Afghanistan und ein riesiger Leuchter aus Wapitihirsch-Geweih, der ein sanftes Licht verströmt, das unendlich romantischer ist als das harte, langweilige Halogenlicht der meisten Lofte. »Das war eine fixe Idee von mir, der ist vollkommen untypisch für New York«, sagt Jenna über den sehr rustikalen Beleuchtungskörper, den man in solchen Räumen nicht erwarten würde. Vincent gesteht, dass er verblüfft war, als ihm die Sache mit dem Geweih durch den Kopf ging. »Als ich es zum ersten Mal sah, dachte ich spontan: Ist das dein Ernst?«, erinnert er sich. »Selbst wenn ich eher ein Landtyp wäre, hätte ich es nicht gleich verstanden. Ich habe etwas Zeit gebraucht, aber jetzt mag ich ihn.«

Er erwärmte sich für den Leuchter so weit, dass er stundenlang nach einer Möglichkeit suchte, das Stück auseinander zu nehmen und dann wieder zusammenzubauen. Denn bei der Lieferung hatte sich herausgestellt, dass er nicht durch die Tür passte. »Es war, als wollte man eine Krake durch die Tür zwängen«, sagt Vincent. »Wir mussten den Leuchter einlagern«, erinnert sich Jenna. »Ich war fassungslos. Eines Abends überraschte mich Vincent nach dem Abendessen mit der Feststellung: ›Er ist drin.‹ Das war so süß, dass ich in Tränen ausbrach!«

Die Schlafzimmernische mit der unverputzten Backsteinwand wartet mit einem besonderen Blickfang auf, der durch Industriedesign und Zwanglosigkeit zugleich geprägt ist: die exponiert auf Stahlkleiderständern aufgehängte Kleidung des Paars. (»Neunundneunzig Prozent davon gehören Jenna«, sagt Vincent mit einem wohlwollenden Achselzucken.) Offensichtlich schätzt er die eleganten Kleider seiner Frau. Er beschreibt den »Kleiderschrank« als »eine Kombination aus funktionellem Schrank und Museum zur Archivierung von Mode«. Um Jenna die tägliche Auswahl aus ihrer bemerkenswerten Schuhsammlung zu erleichtern, stellte er einen Computer mit LCD-Bildschirm (»kleiner als eine Schuhschachtel«) auf den Boden und katalogisierte darauf Bilddateien mit Jennas Schuhen.

Ein weiteres Zeichen für die Hightech-Vorliebe des Paars findet sich in der Küche. Der »Powerturm«, wie sie Vincents Kreation nennen, beherbergt Alkoholisches, Gewürze, Feinschmeckeröle, Essige und andere Lebensmittel. Daneben bietet er Platz für zwei Kaffeemaschinen. Ein herausgleitendes Spezialtablett hält Jennas Maschine, eine Filterkaffeemaschine von Krups, die sie morgens mit frisch gebrühtem Kaffee weckt. (Vincent, der nicht so früh zur Arbeit muss, trinkt den Espresso aus seiner Gaggia-Maschine. Er bringt ihn übrigens am Wochenende seiner Frau ans Bett; außerdem kocht er.)

»Bei Zabar ist er auf Händen und Knien herumgekrochen, um die Kaffeemaschinen auszumessen«, erinnert sie sich an Vincents Bemühungen um die Turmgestaltung. »Das ist doch wahre Liebe.« Dem wird auch kaum jemand widersprechen, ist die gegenseitige Bewunderung in den Augen des Paars doch unverkennbar. »Es ist schon etwas ganz Besonderes, wenn jemand die Unterschiede aufgreift«, sagt Jenna. Und Vincent: »Wer eine Beziehung gestaltet und behauptet, dass sie nur auf Gemeinsamkeiten beruhe, hat keine Ahnung. Ein guter Teil von all dem, was uns gegenseitig anzieht, sind unsere Gegensätze.«

RECHTS *Individueller Tribut des Paars an den 11. September an der riesigen Pinwand über dem gemeinsamen Heimbüro.*

SAVIGNY-LES-BEAUNE 1er CRU
0901eye
HOPE
I LOVE YOU SLEEPY HEAD
Sep

Harmonisch wohnen

• Geizen Sie nicht bei Ihrem Badezimmer. Gerade in einer öden Stadtwohnung ist es ein äußerst wichtiges Refugium. »Morgens sind wir gemeinsam im Bad«, sagt Jenna. »Er rasiert sich, ich dusche, und es ist so kuschelig. Für uns ist das ein wirklich vertrautes Morgenritual geworden.«

• Besuchen Sie gemeinsam öffentliche Räume, um sich Anregungen für den letzten Schliff zu holen, denn hier finden Sie viele Design-Inspirationen. »Sei es nun der Marc Jacobs Store, das Dia Center for Arts oder das Hudson Hotel. All das kann Sie inspirieren – und auch zum Vorbild für die von Ihnen beauftragte Firma werden«, sagt Vincent. »Zeitschriftenanzeigen sind eine Sache, aber erst die echten und vor allem die großen Oberflächen zeigen einem die Feinheiten, auf die es ankommt.«

• Sorgen Sie für möglichst weiche Lichtverhältnisse. »Allein schon wegen der Gesundheit ist es ganz wichtig, dass Sie Zugang zu natürlichem Licht haben, den Himmel sehen oder einen Ausblick haben«, sagt Vincent. »Ganz besonders in New York.«

• Glückliche Umstände sind gut. »Loslassen kann schmerzen, aber auch angenehme Überraschungen bereithalten«, sagt Vincent. Und Jenna fügt hinzu: »Es ist schon eine Ironie, dass wir unbedingt versucht haben, diese riesigen Kleiderständer zu kaschieren, und jetzt sind sie unser Blickfang!«

VORHERGEHENDE SEITEN
136 *Jennas geliebter Geweihleuchter im Essbereich der modernen Stadtwohnung. Die Küche verfügt über einen betongefliesten Boden und eine riesige Wandtafel.*
138–139 *Das Wohnzimmer wartet mit einem witzigen Detail auf: eine Hängematte, in die sich das Paar gern kuschelt.*

GEGENÜBER *Stahlkleiderständer für den offenen »Kleiderschrank«.*
LINKS *Jennas und Vincents Kaffeemaschinen im »Powerturm« – ein Regal-Element für Küchenzubehör (oben). Das Badezimmer, ein bevorzugter gemeinsamer Raum (unten).*

Das ultimative Liebesnest

Jackie Yellin & Julie Milligan

Es könnte die Ausgangslage für eine neue Folge der Comedy-Serie *Green Acres* sein: Julie Milligan, die zur preisgekrönten Landschaftsdesignerin avancierte Scheidungsanwältin, liebt das Stadtleben. Ihre Partnerin, die Immobilienplanerin Jackie Yellin, schätzt dagegen das Land. Oder wie Julie sagt: »Ich bin zwar die Städterin. Aber ein abgelegenes Städtchen mit fünfunddreißig Leuten würde auch für Jackie passen.« Mit ihren zwei Wohnsitzen – einer Eigentumswohnung mit Terrasse und Dachgarten in Santa Monica, Kalifornien, und einem Haus auf der Hawaii-Insel Kauai – hat das findige Paar den denkbar elegantesten Kompromiss gefunden, um von zwei sehr verschiedenen Welten das Beste zu genießen.

Eines der Erfolgsgeheimnisse des Paars ist die Arbeitsteilung. »Man muss sich besonders um die Räume kümmern, die für einen wirklich wichtig sind«, sagt Jackie. »Wenn einer Partnerin die Küche oder das Badezimmer wichtiger ist, dann sollte das die endgültige Entscheidung beeinflussen. Man muss sich allerdings darüber verständigen und die Meinung der anderen

Person respektieren, schließlich will man ja nichts im Haus haben, was der anderen absolut nicht gefällt. Das macht keinen Spaß!«

Natürlich beraten sie sich bei wichtigen Entscheidungen. Aber die Außenräume sind Julies Domäne – schließlich ist sie die Landschaftsdesignerin –, während Jackie, die schon viele Wohnungen für Freunde und Kunden gestaltet hat, sich um die Interieurs kümmert. Die klare Trennung der Zuständigkeiten hat sich für dieses Paar als Harmonie stiftend erwiesen. »Wenn wir in Kauai sind, kochen wir wunderbar romantische Abendessen«, sagt Julie. »Obwohl wir beide gern kochen, hat es sich so ergeben, dass Jackie eher die Rolle der Köchin übernimmt. Wir sagen immer, sie ist fürs Essen und ich für die Stimmung zuständig. Ich richte die Vorspeisen, zünde die Kerzen und Fackeln an, hole die Tischwäsche heraus und decke den Tisch.« Und Jackie fügt hinzu: »Wenn Julie den Tisch deckt, ist es, als würde man mit Martha Stewart leben. Einfach toll!«

Die wichtigste Zutat für Julies und Jackies beneidenswerte Harmonie ist die gute alte treue Liebe. Überall in ihrem Zuhause auf Kauai finden sich Zeichen ihrer Zuneigung, auf der schwarzen Tafel im Büro im Obergeschoss, wo sie Notizen für einander hinterlassen, bis hin zu den im Gartenweg eingelassenen »J & J« (ihre gemeinsamen Initialen).

In ihrer Eigentumswohnung in Santa Monica wird Natur in Form eines modernen Asien-Touches einbezogen. Zu den zahlreichen bezaubernden Details gehören Böden aus Ahornholz, Teppiche aus Seegras, ein altes Kanu als Bücherschrank und ein aus Zweigen gefertigter Wandschirm. Trotz gegensätzlicher Einkaufsphilosophien sind die Interieurs überraschend nahtlos gestaltet. »Als wir mit der Eigentumswohnung anfingen, hätte ich sie in zwei Tagen einrichten können«, erinnert sich Jackie. »Aber Julie sagte immer, ich solle nicht so schnell sein. Fünfmal gingen wir unser Bett ansehen, bevor wir es kauften.«

OUTSIDE ARCHITECTURE

Ein Haus nach Maß auf der Hawaii-Insel Kauai

VORHERGEHENDE SEITEN
144 *Julie, die passionierte Landschaftsdesignerin, entwarf diesen Kräutergarten auf Kauai. In den Betonweg eingelassen, die eisernen Initialen der Vornamen des Paars – »J & J«.*
146–147 *Das einst umstrittene knallig hellgrüne Sofa ist zum lebendigen Blickfang im Wohnzimmer des in naturgrüne Gärten eingebetteten »Hightech-Schuppens« geworden.*
148 *Zwei riesige Bademeisterstühle sind der ideale Aussichtspunkt für die Sonnenuntergänge am Pazifik.*
149 *Mittelpunkt des von Julie konzipierten Kräutergartens unter Palmen ist die balinesische Hütte. Sie birgt ein gemütliches Bett – ein Geburtstagsgeschenk von Julie an Jackie – speziell für Übernachtungen im Freien.*
150 *Die Trennwand aus Bronzeplatten sorgt für Privatsphäre im Schlafbereich auf Kauai.*
151 *Das Obergeschoss bietet Platz für einen Arbeits- und einen Schlafbereich.*
OBEN UND GEGENÜBER *Das Badezimmer auf Kauai, mit Doppel-Waschbecken und übergroßen Wand- und Decken-Duschen. Die einzigartige Badewanne, ein Eigenentwurf des Paars, bietet Platz für zwei und hat eine Überlaufvorrichtung.*

Ihr »Hightech-Schuppen« auf Kauai ist eine Industriedesign-Fantasie aus Metall, Beton, Holz, Glas und Zement in einer üppigen tropischen Umgebung. Ein wahres Paradies der Romantik. »Jackie und ich entwarfen das Haus selbst«, sagt Julie. »Es ist nur für ein Paar konzipiert: Es gibt absichtlich keine Gästeschlafzimmer, alles ist nur ein riesiger offener Raum. Als wir in Aspen erstmals zusammenzogen, hatte Jackies Haus fünf Schlafzimmer und vier Badezimmer; wir hatten eine Menge Freunde und Familie, es waren immer Leute da. Wir mögen unsere Freunde und Verwandten, aber nach einigen Jahren wurde uns klar, dass wir in unserem eigenen Haus nie ein Abendessen allein für uns gehabt hatten! Also bauten wir unser Haus in Kauai nur für zwei Personen.«

Das gut drei Hektar große, einst verwilderte Stück Land wurde unter Julies Händen zu einer grünen Oase mit dekorativen Ziergräsern und Bäumen. Das knallig hellgrüne Sofa im Wohnzimmer ist ein wunderbarer Kontrast zum intensiven Grün draußen auf der Terrasse. Zunächst war das Sofa aber ein Streitpunkt. Jackie, die gestalterische Entscheidungen schnell und sicher trifft, stieß nicht nur auf den Widerstand der bedächtigeren Julie, sondern auch auf den der Verkäuferin.

Um auf Nummer sicher zu gehen, bestellte Jackie zweierlei Bezüge, einen davon im konservativen Steingrün. »Ich erklärte Julie, wenn sie die knallige Farbe wirklich nicht möchte, wäre das auch kein Weltuntergang – es ist ja nur Stoff. Außerdem macht das Wechseln Spaß. Inzwischen liebt sie aber das auffallende Grün.«

In ihrem Domizil auf Kauai können sie ganz im Freien leben – essen, duschen und sogar schlafen – da die Temperaturen immer zwischen 21 °C und 27 °C liegen. Julie verbringt noch immer eine gewisse Zeit in ihrem geliebten Südkalifornien, Jackie dagegen die meiste Zeit in der Natur, weit weg von der Stadt. Welch ein glückliches Übereinkommen zwischen einer Stadtratte und ihrem ländlichen Pendant!

大映スコープ
総天然色
伊賀の水月
長谷川一夫
脚本監督 渡辺邦男

Harmonisch wohnen

• »Ein Hausbau bedeutet Stress«, sagt Jackie. Seien Sie während der Bauphase nett zueinander, und verbringen Sie alle Zeit, die Ihr Arbeitsplan erlaubt, mit entspannenden Aktivitäten. »Zu den Tricks, den Hausbau gut zu überstehen, gehört eine ordentliche Portion Humor und viel guter Wein! Wenn wir uns mit einer guten Flasche aus Jackies Weinkollektion niedersetzen konnten, war der glücklichste Moment des Tages für uns gekommen.«

• Wenn lediglich einer der Partner auf Farben und Muster steht, gehen Sie bei Fliesen und Bodenbelägen lieber kein Risiko ein, da diese nur schwer zu ändern sind. Setzen Sie gewagte Ideen bei Dingen um, die leicht und ohne große Kosten und Herzeleid ausgetauscht werden können, z. B. Polsterbezüge oder Vorhänge.

• »Ein komplett neues Haus kostet mehr Geld, als Sie überhaupt ahnen«, sagt Jackie. »Selbst reiche Leute sind danach pleite! Also rate ich den Leuten immer, sich die Möbel schon während des Hausbaus zu kaufen. Außerdem wird Ihr Haus nie so bezaubernd und gemütlich aussehen, wenn Sie am Ende alles auf einmal zusammenkaufen.«

VORHERGEHENDE SEITEN
154 *Formalistisches Arrangement im Essbereich auf Kauai, mit Jackies Weinkollektion.*
155 *Je nach Zubereitungsart und Jahreszeit kann das Paar zwischen den jeweils passenden Essbereichen wählen.*
LINKS *In ihrem Domizil in Santa Monica gibt es ein Fächerbord mit für sie bedeutungsvollen Steinen und Muscheln (oben). Der Turm aus hölzernen Koffern auf Rädern war Jackies erste Anschaffung beim Einzug (unten).*
GEGENÜBER *Julie konzipierte diese üppig bewachsene Privatterrasse auf Kauai, mit Steinboden und einer tropischen Außendusche direkt vor dem Badezimmer.*

10 REGELN FÜR EIN HARMONISCHES ZUSAMMEN-LEBEN

Zehn Regeln für ein harmonisches Zusammenleben

1. Schaffen Sie sich persönliche Bereiche, sodass jeder Raum für sich allein hat.
2. Betrachten Sie den Wohnungswechsel als Chance für einen Neustart.
3. Respektieren Sie sich gegenseitig.
4. Vermeiden Sie Modetrends, aber bejahen Sie Experimente.
5. Holen Sie professionellen Rat ein.
6. Teilen Sie die Verantwortung auf, damit Sie Ihre Ziele besser erreichen.
7. Vermeiden Sie den Druck, bereits vor dem Einzug jeden Bereich des Hauses konzipiert und eingerichtet haben zu müssen.
8. Beachten Sie, dass sich Ihr Geschmack in der Beziehung verändert und entwickelt.
9. Folgen Sie Ihren Träumen.
10. Und vergessen Sie vor allem den Spaß nicht!

Danksagung

Für Marie Jeanne und Joseph Colomb

Unser Dank gilt allen Paaren, die uns ihr Haus und ihr Herz geöffnet haben, sowie unseren engen Freunden, die uns immer wieder weitergeholfen haben: Laurie Frank, Valerie Pasquiou, Brooks Adams sowie Lisa Liebman, Konstantin Kakanias und Susan Penzner. Ein Dankeschön an unsere Foto-Assistenten: Tobias in New York, Gaetan in Paris und Patty in Los Angeles.

Unser Dank geht auch an Suzy Slesin, die uns ungewollt zusammengebracht hat; an unsere Agentin Helen Pratt für ihre Unterstützung; an unsere Lektorin Sandy Gilbert für ihr unendliches Bemühen; an Ivette Montes de Oca für ihr wunderschönes Layout sowie an Julia Szabo, die uns dabei geholfen hat, alle unsere Vorstellungen über ein harmonisches Zusammenleben in Worte zu fassen.

Am 11. Septemer 2001 waren wir in New York – mitten in diesem Projekt und auf dem Weg zu einem Fototermin. Wir möchten dieses Buch allen New Yorkern widmen, für ihren Mut damals und heute.

VORDERUMSCHLAG: Zwei wuchtige 1970er-Jahre-Drehsessel aus der Brick Lane in London begehren mit ihren leuchtend orange- und pinkfarbenen Samtbezügen gegen die vibirenden Farben von Nicholas Vegas großformatigen Farbfeldgemälde im Wohnzimmer auf.

RÜCKUMSCHLAG: (von links nach rechts) In Alexandra und Eliot Angles Haus in Los Angeles steht die Badewanne ungewöhnlicherweise an einem romantischen Ort: im Schlafzimmer des Paars; die Hängematte verleiht dem Loft von Jenna Lyons und Vincent Mazeau in Manhattan eine eigene Behaglichkeit; Liza Bruce und Nicholas Vega vor ihrem blaugefliesten Swimmingpool; eine Sammlung Vasen aus den 1960er Jahren ist der einzige dekorative Schmuck in der minimalistischen Wohnung von Florence Baudoux und Aldo Fabiani in Paris.

SEITE 2: (im Uhrzeigersinn von links oben) Giorgio Silvagni gestaltete die Wand selbst, die jetzt einen aufregenden Hintergrund für das Liegesofa abgibt, auf dem erlesene Stoffe aus der Textilsammlung seiner Frau Irene zur Geltung kommen; Blickfang im Esszimmer von Jenna Lyons und Vincent Mazeau ist der riesige Geweih-Leuchter, in den sich Jenna auf Anhieb verliebt hatte; das noble Schlafzimmer von April Gornik und Eric Fischl gab Eric den Anstoß für eine Serie neuerer Gemälde; der große, mit Spiegeln bestückte Schrank ist die Arbeit von Ashley Hicks für seine Frau Allegra in ihrem Stadthaus in London.

SEITE 3: Ein Bücherschrank und zwei Metallhocker im Gästeschlafzimmer von Irene und Giorgio Silvagni – ein Beweis des kreativ-handwerklichen Könnens von Giorgio.

Impressum

Titel der Originalausgabe: *Living together*
Erschienen bei Stewart, Tabori & Chang, New York, 2002
Ein Unternehmen der La Martinière Groupe

Bibliografische Information Der Deutschen Bibliothek
Die Deutsche Bibliothek verzeichnet diese Publikation in der Deutschen Nationalbibliografie; detaillierte bibliografische Daten sind im Internet über http://dnb.ddb.de abrufbar.

Deutsche Erstausgabe

Ein Unternehmen der La Martinière Groupe

Aus dem Amerikanischen von Alwine H. Schuler
Satz: satz & repro Grieb, München
Druck: Passavia, Passau
Printed in Germany

ISBN 3-89660-159-8

www.knesebeck-verlag.de